本成果受南京大学应用经济学博士后流动站资助

本书是赵星在南京大学博士后流动站的出站成果之一，
合作导师顾江教授的国家社科基金重点项目 "健全现代文化产业体系
和市场体系研究（20AZD065）" 资助

美国文化产业集聚的时空演化研究

赵 星 著

Wuhan University Press
武汉大学出版社

图书在版编目（CIP）数据

美国文化产业集聚的时空演化研究/赵星著. —武汉：武汉大学出版社，2022.8

ISBN 978-7-307-22827-6

Ⅰ.美…　Ⅱ.赵…　Ⅲ.文化产业－研究－美国　Ⅳ.G171.24

中国版本图书馆CIP数据核字（2021）第269833号

责任编辑：周媛媛　　　责任校对：牟　丹　　　版式设计：文豪设计

出版发行：**武汉大学出版社**　　（430072　武昌　珞珈山）

（电子邮箱：cbs22@whu.edu.cn 网址：www.wdp.com.cn）

印刷：三河市京兰印务有限公司

开本：710×1000　1/16　　　印张：9　　　　字数：116千字

版次：2022年8月第1版　　　2023年8月第1次印刷

ISBN 978-7-307-22827-6　　　定价：45.00元

序　言

　　世界经济发展进入新时代，文化产业已成为全球最具活力的产业。我国"十四五"规划和 2035 年远景目标纲要中明确提出，"要建成文化强国、教育强国、人才强国、体育强国、健康中国，国民素质和社会文明程度达到新高度，国家文化软实力显著增强。"文化强国是第一个强国目标，凸显了文化对居民精神生活的塑魂作用和文化对经济社会发展的赋能作用。实现建设文化强国这一目标，必须依靠我国文化产业的繁荣发展以发挥其载体和支撑作用。

　　美国作为世界头号经济强国，凭借其显著的经济优势，利用其尖端科技和全球价值链的有效扩张，培育了一大批实力雄厚的跨国文化企业，并在美国建立起比较完善的文化市场，极大地拉动了美国的文化产品消费，迅速确定了美国文化产业在全球文化产业的引领地位。美国与中国的地理条件比较相似，都是地域面积广阔的大国，美国拥有 50 个州和 1 个特区，各州的自然和人文环境差异较大，各州的文化产业发展水平也差异较大。中国拥有 31 个省市自治区（不含港澳台地区），文化产业在不同省份的集聚化发展水平也不同。

　　赵星博士后的《美国文化产业集聚的时空演化研究》一书，以美国商务部经济分析局（https://www.bea.gov/）和美国人口普查局（http://www.census.gov）的权威数据为基础，细致深入分析了美国文化产业发展的空间演化过程，系统总结了美国文化产业集聚的时空演化特点和发展变化规律。该书可为中国的文化产业发展提供经验借鉴，以推动中国文化产业高质量发展；该书也可以帮助中国文化企业深入了解美国的文化产业，以利于其在国际市场与美国文化企业展开合作与竞争；特别是，该书能够对中国文化企业赴美国开展海外投资的区位选择提供重要参考。

总体上，此书主要在以下方面具有一定的创新和贡献：

第一，基于文化产业的产出和投入视角，借助 ArcGIS 空间分析工具，对美国各州文化产业发展水平进行综合分析，并对美国五个文化产业强州（加利福尼亚州、纽约州、佛罗里达州、得克萨斯州、华盛顿州）的文化产业发展进行具体分析。

第二，利用地区集中度指标、赫芬达尔指数、区位熵指标综合分析美国文化产业总体集聚水平及其演变，并对美国核心文化产业、支持文化产业和五大细分文化产业（广播业、出版业、电影业、艺术表演业、广告业）的集聚化发展进行系统分析。该书的实证分析比较深入全面，而且采用计量经济方法对未来美国文化产业的集聚发展趋势进行预测，使研究具有一定的前瞻性。

第三，从文化产业的立法、文化政策的引导、文化人才的培养和引进、文化投融资的运作等多个方面，系统分析了美国促进其文化产业发展的政策措施和美国文化产业的孵化体系，并提出了促进中国文化产业高质量发展的政策建议。

总之，该书对美国文化产业细致全面的数据刻画和对中国文化产业发展的具体对策，值得一读。当然，该书的研究还有需要进一步深化之处，希望赵星今后能够在这一领域开展更加系统、深入和全面的研究，为中国文化产业的高质量发展提供更多的参考。

南京大学长三角文化产业发展研究院

2021 年 12 月 6 日

目　录
CONTENTS

第一章　绪　论…………………………………………… 1

  第一节　研究背景和意义 ………………………………… 1

    一、研究背景 …………………………………………… 1

    二、研究意义 …………………………………………… 2

  第二节　相关概念的界定 ………………………………… 4

    一、区　域 ……………………………………………… 4

    二、文化产业 …………………………………………… 7

  第三节　文化产业空间集聚研究的 相关文献综述 ……… 13

    一、文化产业集聚是一种客观经济现象 ……………… 13

    二、文化产业集聚的经济动因 ………………………… 13

    三、文化产业集聚的经济效应 ………………………… 15

    四、文化产业集聚的空间特征 ………………………… 16

第二章　理论基础……………………………………………18

  第一节　产业集聚与产业集群理论 ……………………… 18

    一、产业集聚理论 ……………………………………… 18

    二、产业集群理论 ……………………………………… 20

  第二节　文化经济学理论 ………………………………… 22

一、文化经济学的产生与发展 ………………………………… 23

二、文化经济学的研究内容 ……………………………………… 25

第三节 演化经济学理论 …………………………………………… 26

一、演化经济学的产生与发展 ………………………………… 26

二、演化经济学的研究内容 …………………………………… 28

第三章 美国文化产业发展概述 ………………………………………31

第一节 文化产业在美国经济中的地位 ……………………… 31

一、美国文化产业的增加值贡献度 ……………………… 31

二、美国文化产业的就业贡献度分析 ………………… 33

三、美国文化产业增加值和就业量的综合分析 ………… 34

第二节 美国各州文化产业的空间分布现状 ……………… 35

一、美国各州总体文化产业的产出分析 ……………… 35

二、美国各州总体文化产业的投入分析 ……………… 39

三、美国各州总体文化产业的投入和产出的综合分析 … 44

第三节 美国细分文化产业发展概述 ……………………… 45

一、美国细分文化产业的产出演化分析 ……………… 45

二、美国文化信息服务业细分产业的产出演化分析 …… 47

三、美国艺术支持服务细分部门的产出演化分析 ……… 47

第四节 美国五个文化产业强州的发展概述 ……………… 49

一、加利福尼亚州 ……………………………………… 49

二、纽约州 ………………………………………………… 51

三、佛罗里达州 …………………………………………… 52

四、得克萨斯州 …………………………………………… 54

五、华盛顿州 ……………………………………………… 55

第四章　美国文化产业集聚的时空演化分析·················57

　　第一节　研究方法与主要指标　·················57

　　　　一、地区集中度指标　·················57

　　　　二、赫芬达尔指数　·················58

　　　　三、区位商指标　·················58

　　第二节　美国文化产业总体集聚水平及其演变　·················59

　　　　一、美国文化产业地区集中度的演变　·················59

　　　　二、美国各州文化产业的地区差异及演变　·················60

　　　　三、美国各州文化产业集聚度的时空演变　·················61

　　第三节　美国细分文化行业空间集聚水平的时空演变　·················69

　　　　一、美国核心文化产业空间集聚水平的时空演变　·················70

　　　　二、美国支持文化的产业空间集聚水平的时空演变　······72

　　　　三、美国广播业的空间集聚水平的时空演变　·················74

　　　　四、美国出版业的空间集聚水平的时空演变　·················76

　　　　五、美国电影业的空间集聚水平的时空演变　·················78

　　　　六、美国艺术表演业的空间集聚水平的时空演变　·················80

　　　　七、美国广告业的空间集聚水平的时空演变　·················84

　　　　八、总结　·················86

　　第四节　美国文化产业集聚的时空演化预测　·················87

　　　　一、预测方法　·················87

　　　　二、预测结果　·················87

第五章　以美国经验为借鉴，大力发展中国的文化产业·········91

　　第一节　美国文化产业发展经验借鉴　·················91

　　　　一、美国促进文化产业发展的政策措施　·················91

二、美国文化产业的孵化体系 …………………………… 96

第二节 美国文化产业发展对中国的启示 …………………… 99

一、文化产业政策的制定 ………………………………… 99

二、构建中国的文化产业孵化体系 …………………… 106

第六章 结 语………………………………………… 115

参考文献……………………………………………… 119

后 记……………………………………………… 133

第一章 绪 论

第一节 研究背景和意义

一、研究背景

在知识经济时代背景下，文化产业作为文化、科技和经济的融合体，在提高居民素质、推动经济发展、促进社会进步、提升国家综合国力方面发挥着重要作用。在许多发达国家，文化产业已经成为国民经济支柱产业，产生了巨大的经济效益和社会效益。

随着我国进入新发展阶段，应加快构建以国内大循环为主体、国内国际双循环相互促进的新发展格局，"双循环"发展格局着眼于更新中国经济循环模式，畅通生产、分配、交换和消费各个经济环节，为经济高质量发展开辟新的道路。文化产业的内容创意可以为三次产业的改革创新提供动力和支持，文化产品的不断丰富能够满足人民日益增长的文化生活需要，文化产业的发展有利于中华优秀传统文化的弘扬，从而更好地提升民族自信，助力早日实现中华民族伟大复兴的中国梦。

2020 年我国提出将提高国家自主贡献力度，采取更加有力的政策和措施，二氧化碳排放力争于 2030 年前达到峰值，努力争取 2060 年前实现碳中和。2021 年 3 月 15 日下午，习近平总书记在中央财经委员会第九次会议上再次提出，要把碳达峰、碳中和纳入生态文明建设整体布局，拿出抓铁有痕的劲头，如期实现 2030 年前碳达峰、2060 年前碳中和的目标。文化产业自身具有绿色化特征，文化生产和文化消费对自然环境的不利影响都比较小，而且文化产业的发展，还将通过绿色文化生产、绿色文化产品消费、绿色文化创意融入全产业，从而推动经济社会发展。

美国成立仅 200 多年，虽没有悠久的历史和丰富的文化资源，但美国的文化产业却在近几十年跃居世界领先地位，美国知名文化 IP（Intellectual property）的开发和运营、文化与科技的融合、文化与全产业的融合都走在世界前列。美国文化产业的蓬勃发展使商业化文化产业模式被广泛地传播到世界各地，获得了诸多欧洲企业家的支持，吸引了不少优秀人才前往美国，极大促进了美国的科技进步和经济发展。

二、研究意义

中、美两国在地域面积、地理位置方面有一定的相似性。美国的地域广阔（陆地面积为 915.8960 万平方千米），拥有 50 个州、1 个特区和关岛等众多海外领土。截至 2021 年 2 月美国人口约 3.31 亿人，2020 年美国 GDP 为 20.93 万亿美元（世界第一），2020 年美国人均 GDP 约 6.31 万美元[①]。美国本土所处的纬度范围在北纬 25° 至北纬 49°，大部分地区位于北温带，气候适宜，自然资源丰富。我国陆地面积约为 960 万平方千米，我国共有 34 个省级行政区域，包括 23 个省、5 个自治区、4 个直辖市、2 个特别行政区。2020 年我国 GDP 为 14.725 万亿美元，位居世界第二，实际增长 2.3%。[②] 我国的纬度范围是北纬

---

① 数据来源：美国商务部经济分析局（https://www.bea.gov/）和美国人口普查局（http://www.ons.gov.uk/census）。
② 数据来源：国家统计局 http://www.stats.gov.cn/。

3°51′至北纬53°33′，大部分地区也位于北温带，气候和地理环境复杂多样，资源极为丰富，可适应不同需求的人群生活，2020年我国的人口总量约为14.1亿。

中、美两国在历史文化资源的丰裕度和文化产业的发展水平方面存在着巨大差异；我国拥有五千多年悠久历史和璀璨文化，美国仅建国200多年；美国的文化产业发展水平全球领先，我国的文化产业正处于快速发展期，逐渐成为国家经济支柱性产业。

美国文化产业的发展模式和成功经验成为世界其他国家研究的热点，我国也有许多学者对其展开了多角度研究。本书以美国文化产业的空间集聚问题为研究对象，以区域经济集聚理论和文化产业经济学理论为依据，以探索性空间分析、统计分析和计量经济分析为实证研究方法，深入分析美国文化产业在美国经济中的贡献、美国各州文化产业的空间分布问题和美国文化产业集聚的时空演化问题。

本书的研究意义主要在于四个方面：第一，可以更好地了解和掌握文化产业的时空发展规律。美国的文化产业走在世界的前列，其发展规律具有一定的代表性。对美国文化产业发展特点的分析和总结能够让我们更好地掌握文化产业本身的发展规律。第二，美国文化产业的经验与教训，可以作为发展我国文化产业的参考。第三，了解美国文化产业的空间发展特点，可以为未来与美国文化产业开展合作提供方向。第四，对美国文化产业集聚演变特征的分析和未来演化趋势的预测，可以为我国文化企业未来投资美国的区位选择提供参考。

第二节 相关概念的界定

一、区 域

区域，是产业集聚的空间场所，一般指基于行政区划的经济区域。一个国家、一个城市、一个村庄都可以成为一个经济区域。

美利坚合众国（United States of America，简称美国）由 50 个州、1 个直辖特区（首都所在地华盛顿哥伦比亚特区）、5 个岛屿自由邦和 10 多个其他远洋小岛组成。华盛顿哥伦比亚特区（Washington D.C.）独立于各州，直接由国会领导，是美国首都的所在地。除去美国的夏威夷和阿拉斯加两个州，其余的 48 个州（Lower 48 States）和哥伦比亚特区被称为美国本土或美国大陆（Contiguous United States）。美国本土位于北美洲中部，东临大西洋，西临太平洋，北面是加拿大，南部和墨西哥及墨西哥湾接壤。

美国每个州都是一个独立的邦国（State），是美国的第一级行政区划，没有授予联邦政府的权力，仍然由各州自行拥有。根据联邦最高法院多项裁定，各州与中央联邦政府均有司法主权，但中央联邦政府受到美国宪法的约束，各州则有相当大的司法主权，但前提是不违反两项原则：①其主权不能凌驾于中央联邦政府及美国宪法之上；②其自行制定之州宪法权限不能超过国家整体主权。每个州都有自己的立法、司法、行政体系。因此，美国行政区划中最重要的特点就是州权和自治。美国所有政府的权力都源自州，联邦政府是各州联合立宪后的权力让渡，州以下的区划都是从州获得授权。州议员和州长都由普选产生。

美国的州（State）是自下而上的联邦组成"国"，所以美国的州保留了非常多的权力，州将外交、防卫、立宪等权限交予联邦政府，以组建更大的联邦国家。表1-1列出了美国各州的中英文名称、英文缩写和首府。

表 1-1　美国各州名英文及其首府一览表

State	缩写	州名	首府	State	缩写	州名	首府
Alabama	AL	亚拉巴马州	蒙哥马利	Missouri	MO	密苏里州	杰斐逊城
Alaska	AK	阿拉斯加州	朱诺	Montana	MT	蒙大拿州	海伦娜
Arizona	AZ	亚利桑那州	菲尼克斯	Nebraska	NE	内布拉斯加州	林肯
Arkansas	AR	阿肯色州	小石城	Nevada	NV	内华达州	卡森城
California	CA	加利福尼亚州	萨克拉门托	New Hampshire	NH	新罕布什尔州	康科德
Colorado	CO	科罗拉多州	丹佛	New Jersey	NJ	新泽西州	特伦顿
Connecticut	CT	康涅狄格州	哈特福德	New Mexico	NM	新墨西哥州	圣菲
Delaware	DE	特拉华州	多佛	New York	NY	纽约州	奥尔巴尼
District of Columbia	DC	哥伦比亚特区	华盛顿	North Carolina	NC	北卡罗来纳州	纳罗利
Florida	FL	佛罗里达州	塔拉哈西	North Dakota	ND	北达科他州	俾斯麦
Georgia	GA	佐治亚州	亚特兰大	Ohio	OH	俄亥俄州	哥伦布
Hawaii	HI	夏威夷州	(火奴鲁鲁)檀香山	Oklahoma	OK	俄克拉何马州	俄克拉何马城

State	缩写	州名	首府	State	缩写	州名	首府
Idaho	ID	爱达荷州	博伊西	Oregon	OR	俄勒冈州	塞勒姆
Illinois	IL	伊利诺伊州	斯普林菲尔德	Pennsylvania	PA	宾夕法尼亚州	哈里斯堡
Indiana	IN	印第安纳州	印第安纳波利斯	Rhode Island	RI	罗得岛州	普罗维登斯
Iowa	IA	艾奥瓦州	得梅因	South Carolina	SC	南卡罗来纳州	哥伦比亚
Kansas	KS	堪萨斯州	托皮卡	South Dakota	SD	南达科他州	皮尔
Kentucky	KY	肯塔基州	法兰克福	Tennessee	TN	田纳西州	纳什维尔
Lousiana	LA	路易斯安那州	巴吞鲁日	Texas	TX	得克萨斯州	奥斯汀
Maine	ME	缅因州	奥古斯塔	Utah	UT	犹他州	盐湖城
Maryland	MD	马里兰州	安纳波利斯	Vermont	VT	佛蒙特州	蒙彼利埃
Massachusetts	MA	马萨诸塞州	波士顿	Virginia	VA	弗吉尼亚州	里士满
Michigan	MI	密歇根州	兰辛	Washington	WA	华盛顿州	奥林匹亚
Minnesota	MN	明尼苏达州	圣保罗	West Virginia	WV	西弗吉尼亚州	查尔斯顿
Mississippi	MS	密西西比州	杰克逊	Wisconsin	WI	威斯康星州	麦迪逊
				Wyoming	WY	怀俄明州	夏延

二、文化产业

（一）文化产业的概念界定

作为一种新兴的产业类型，文化产业（Cultural Industries）在不同国家有着不同的称谓，当然对其理解的侧重点也不尽相同。如在美国称为"版权产业"（Copyright Industries），是因为文化产业主要局限于涉及版权的行业，定义为"版权产业"侧重强调对知识产权的保护；日本、芬兰等国将其定义为"内容产业"（Content Industries），强调文化产业的精神属性；在英国、澳大利亚则被称为"创意产业"（Creative Industries），强调文化产业所具有的原创性特点，这种原创性主要源自个人的创意、技能和才华。大多数国家以及联合国使用文化产业的说法。

1. 国外学者关于文化产业的界定

文化产业的概念最早可以追溯到 20 世纪 40 年代由德国法兰克福学派学者马克斯·霍克海默和西奥多·阿多诺（M. Horkheimei & T. Adono，1947）所提出的"文化工业"。不过，作者基于哲学价值批判和艺术的角度，对文化产业的发展持批判立场，认为文化的产业化、资本化将使文化丧失个体化差异，失去原有艺术价值。此后，学者们从不同学科背景、研究视角界定了"文化产业"的内涵。比较有代表性的学者包括英国的贾斯廷·奥康纳（J. O'connor）和尼古拉斯·加纳姆（N. Garnham）、澳大利亚的大卫·索斯比（D. Throsby）、美国的艾伦·斯科特（A. Scott）、芬兰的芮佳莉娜·罗玛（Raijia-Leena L.）等人。贾斯廷·奥康纳（1999）把文化产业看成"以经营符号性商品为主"的活动，这些商品的经济价值源自"文化价值"，同时奥康纳还界定了传统文化产业有 16 类行业。在尼古拉斯·加纳姆（1983）看来，文化产业是使用同类"生产和组织模式"的大企业，它们生产和传播"文化产品和文化服务"，他将文化产业的概念纳入地方经济政策及其计划之中。大卫·索斯比（2001）在综合前述两位学者观点的基础上，提出了他对文化产业的看法，认为文化产业是指"通过具有创意的生产活动提供文化产品与文化服务"的产业，具有"知识产权与传递某些社会意义"的功能。艾伦·斯科特（2001）则将文化产业定义为"基于娱乐、教育和信息等目的的服务产出，和基于服务者特殊嗜好、自我肯定和社会展示等目的的人造产品的集合"。

2. 国内学者关于文化产业的界定

20世纪70年代，中国学术界对文化产业发展开始逐渐关注，但直到1990年它才正式作为一个独立问题被看待，在2002年形成学术研究团体。张晓明（2006）将之定义为生产"文化意义内容"的产业，并认为文化产业包括"文化创作业""文化制作和传播业"和"以文化意义为基础的产业"三个方面。胡惠林（2000）将文化产业看成"以精神产品的生产、交换和消费为特征的产业系统"。花建（2002）则把文化产业视为"提供文化产品和文化服务"的经济形态。中国国家统计局将"向社会提供文化、娱乐产品和服务的活动"都看成文化产业，而原文化部则将"从事文化产品生产和提供文化服务"的经营性行业视为文化产业，这里文化部区分了"文化产业"和"文化事业"之间的差异性。但不管从何种角度定义，文化产业都应包括"艺术＋经济＋技术"三要素（芮佳莉娜，2002），要以文化创意为核心，以实现商业价值为目标，以服务为手段，把文化产业作为推动经济发展的生产要素。

不过，学术界比较认同且引用比较高的定义是由联合国教科文组织（UNESCO，2009）所界定的"结合创作、生产与商业的内容，同时这内容在本质上具有无形资产和文化概念的特性，并获得知识产权的保护，以产品或服务的形式来呈现"，该观点突出了文化的经济属性。

（二）文化产业的分类

刘志华、孙丽君（2010）比较了中美文化产业行业分类标准，认为中美文化产业以不同的核心理念对行业进行分类，其分类标准表现了对文化产业发展的不同要求和不同优势。美国文化产业的分类标准更突出了版权的地位，使美国在文化产业的战略地位、商业运营模式、生产要素的高效匹配及抗风险能力上表现出突出的优势。

美国文化产业的分类标准，目前的依据之一是北美行业分类系统（North American Industry Classification System，简称 NAICS）。NAICS 是联邦统计机构为收集、分析和发布与美国商业经济有关的统计数据而对商业机构进行分类的标准。NAICS 是由美国经济分类政策委员会(U.S. Economic Classification Policy Committee，简称 ECPC)、加拿大统计局（Statistics Canada）、墨西哥国家统计、地理及信息研究所（National Institute of Statistics，Geography and Informatics，简称 INEGI）联合开发的，以使北美国家的经济数据具有高度可比性。1997 年该标准获得通过，并取代之前的国际标准工业分类系统（Standard Industrial Classification，简称 SIC）。之后，NAICS 分别于 2002 年、2007 年、2012 年、2017 年修订，每次修订均涉及第 71 部门（Sector 71）——艺术、娱乐和休闲（Arts，Entertainment，and Recreation）。2017 年修订版的第 71 部门——艺术、娱乐和休闲（Arts，Entertainment，and Recreation）的主要内容见表 1-2。由于 NAICS 标准分类把出版业和电影业等产业列入信息产业，不属于第 71 部门，所以第 71 部门的文化产业包含范围相对较小。

表 1-2 美国 2017 年 NAICS 标准中第 71 部门的细分行业

分类	英文名称	中文翻译
71 部门	Arts, Entertainment, and Recreation	艺术、娱乐和休闲
711 大类	Performing Arts, Spectator Sports, and Related Industries	表演艺术、观赏性体育及相关产业
7111 中类	Performing Arts Companies	表演艺术公司
7112 中类	Spectator Sports	观赏性体育
7113 中类	Promoters of Performing Arts, Sports, and Similar Events	演艺、体育及类似活动的推动者
7114 中类	Agents and Managers for Artists, Athletes, Entertainers, and Other Public Figures	艺人、运动员、艺人和其他公众人物的经纪人和经理人
7115 中类	Independent Artists, Writers, and Performers	独立艺术家、作家和表演者
712 大类	Museums, Historical Sites, and Similar Institutions	博物馆、历史遗址及类似机构
7121 中类	Museums, Historical Sites, and Similar Institutions	博物馆、历史遗址及类似机构
713 大类	Amusement Park, Gambling and Recreation Industries	游乐园、博彩和休闲产业
7131 中类	Amusement Park and Arcade	游乐园和游乐中心
7132 中类	Gambling Industries	博彩业
7139 中类	Other Amusement and Recreation Industries	其他娱乐和娱乐产业

美国经济分析局（Bureau of Economic Analysis，简称 BEA）设立有艺术和文化统计账户（Arts and Cultural Production Satellite Account，简称 ACPSA），每年 4 月发布有关艺术和文化活动的年度统计数据，包括美国总体和 50 个州与哥伦比亚特区的艺术文化行业的增加值和就业等数据。ACPSA 账户定义的文化产业相对 NAICS 标准的第 71 部门更全面，它包括创意艺术活动、由创意艺术活动生产的商品和服务、那些支持创意艺术活动的商品和服务、建造那些承载创意艺术活动场所的建筑物。因此，本书研究的美国文化产业依据的分类标准为 ACPSA 统计账户的标准，所用数据也主要来自美国经济分析局的 ACPSA 账户。

ACPSA 统计账户的具体结构如表 1-3 所示，文化产业（ACPSA

Industry）总体分为核心文化产业（Core Arts and Cultural Production）、支持文化产业（Supporting Arts and Cultural Production）和其他文化产业（All Other Industries）三大类。核心文化产业包括创意艺术活动、由创意艺术活动生产的商品和服务。核心文化产业分为艺术表演业、博物馆业、设计服务业、文化艺术教育和文化教育服务业。支持文化产业指的是那些支持创意艺术活动的商品和服务，建造那些承载创意艺术活动场所的建筑物。支持文化产业包括艺术支持服务、文化信息服务、文化建筑业、文化产品制造业、文化产品批发和运输产业、文化零售产业。

表 1-3　美国 ACPSA 账户的文化产业细分行业结构

分类	ACPSA Industry Type	文化产业名称
核心文化产业（Core Arts and Cultural Production）	Performing Arts	艺术表演业
	Performing Arts Companies	艺术表演公司
	Promoters of performing arts and similar events	艺术表演及类似活动的推广组织
	Agents/Managers For Artists	艺术家的代理人或经理人
	Independent Artists, Writers, And Performers	独立艺术家、作家和演员
	Museums	博物馆业
	Design services	设计服务业
	Advertising	广告业
	Architectural Services	建筑服务业
	Landscape Architectural Services	景观建筑服务
	Interior Design Services	平面设计服务
	Industrial Design Services	工业设计服务
	Graphic Design Services	制图设计服务
	Computer Systems Design	计算机系统设计服务
	Photography and Photofinishing Services	摄影和图片处理服务
	Fine Arts Education	文化艺术教育业
	Education Services	文化教育服务业

分类	ACPSA Industry Type	文化产业名称
支持文化产业（Supporting Arts and Cultural Production）	Art support services	艺术支持服务业
	Rental and Leasing	出租和租赁
	Grant-Making And Giving Services	资助和赠予服务
	Unions	工会
	Government	政府
	Information services	文化信息服务业
	Publishing	出版
	Motion Pictures	电影
	Sound Recording	录音
	Broadcasting	广播
	Manufacturing	文化产品制造业
	Jewelry and Silverware Manufacturing	珠宝及银器制造
	Printed Goods Manufacturing	印刷产品制造
	Musical Instruments Manufacturing	乐器制造
	Custom Architectural Woodwork and Metalwork Manufacturing	定制建筑木制品和金属制品制造
	Construction	文化建筑业
	Wholesale and Transportation Industries	文化产品批发和运输产业
	Retail Industries	文化产品零售产业
其他文化产业（All Other Industries）	All Other Design Services	其他设计服务
	Other Support Services	其他支持服务
	Other Information Services	其他信息服务
	Other Goods Manufacturing	其他文化产品制造

第三节 文化产业空间集聚研究的相关文献综述

一、文化产业集聚是一种客观经济现象

随着产业发展水平的提升，文化产业和其他产业一样，也存在空间上的集聚趋势。日益兴盛的文化产业集聚引起了很多研究人员的关注，视角更加多元化。艾伦·斯科特（1996，1997，2000，2004）是较早关注文化产业集聚的学者，他认为文化产业的五大特征促成了文化产业在地理空间上呈现强烈的集聚趋势，如位于洛杉矶的好莱坞，就是以六大影视公司为核心，集聚了数千家小公司而形成一个产业网络（斯科特，2005）。理查德·佛罗里达（R. Florida，2002）基于产业集聚的本质、内容和方式这三个维度，指出文化产业集聚不同于传统产业集聚的三个方面：第一，文化团体之间的联系是松散的，以确保文化创意的多样性；第二，文化产业园区既是文化产品生产的环境，又是文化人才生活的区域，还是文化消费的地方；第三，先人才集聚后企业集聚是文化产业集聚的特有模式，因此制定文化政策先要考虑吸引文化创意人才。安迪·普拉特（A. Pratt，2004）认为产业集聚理论并不是分析文化产业的有力工具，其会把文化产业集聚研究归入一般产业集聚理论，而忽视对非经济、时空变量的分析。

二、文化产业集聚的经济动因

（一）积极因素

1. 外部性与文化产业集聚

文化企业在地理空间上接近是因外部经济的驱动而导致（G.

Gornostaeva 等，2003），外部性会通过三个渠道实现文化产业集聚：MAR 外部性（专业化集聚效应）、Jacobs 外部性（多样性集聚效应）和 Porter 外部性（竞争性外部性）。艾伦·斯科特（2006）研究了洛杉矶的文化产业集聚、R. Wenting（2008）以荷兰创意产业中心为研究对象，发现信息外部性对围绕城市中心区的创意产业有着重要影响。纽约之所以能成为重要的文化产业聚集地，凭借的是其优越的地理位置，即美国第一大港口且具有迅速传递最新信息的优势（Glaeser，2005）。除了信息外部性之外，外部性还包括市场环境、本地文化网络、历史文化因素、创意阶层。其中市场环境具体包括知识产权保护和商务环境，知识产权保护是促进文化产业发展的首要条件（Yusuf 等，2005）。

2. 本地性与文化产业集聚

文化的特殊性决定了文化产业集聚和一般制造业集聚不同，因为文化有着强烈的本地色彩（Jafe 等，1993），所以在分析文化产业集聚时必须关注本地社会网络，特别是地区性的社会非正式互动（Rantisi，2004；Currid，2007）。Lilach Nachum 等（1999）深入研究了伦敦中心区的文化产业集群，发现地方化集群学习过程是媒体集群创新和活力的重要源泉。因此，Harald Bathelt（2005）认为简单集群内选址不一定促进知识共享，促进文化产业集群化发展的政策应充分考虑本地区的实际（高红岩，2010）。迈克尔·波特（1998）认为文化企业与相关科研院所之间联系密切，它们之间的相互依赖与竞争促进了文化产业集聚。

3. 历史文化底蕴与文化产业集聚

Harald Bathelt（2001）在研究莱比锡地区文化产业集聚现象时，指出一个地区深厚的历史文化底蕴是引导文化产业集聚的重要因素，具有深厚历史文化的城市对企业而言是无形资本，能为企业带来额外收益。

除了上述因素之外，社会经济发展、政府行为、环境创新度、集群企业合作、资本等都是影响因素（朱萍，2012；黄娟，2013；刘小铁，2014；张惠丽等，2014），产业空间集聚与城市环境引力的作用（林拓，2003）、特定的地理位置（斯科特，1997）也是促使文化产业空间集聚的因素。

（二）不利因素

不过也存在一些制约因素，限制了文化产业的集聚，如经济全球化带来的外部交流成本的下降（斯科特，2004），过度根植于地方（Harald Bathelt，2003）。郑自立（2012）则分析了文化产业集群化发展所面临的制度规范、资源利用、人才支撑和市场开发等四大困境。

三、文化产业集聚的经济效应

（一）积极效应

对于文化产业集聚所带来的经济效应，多数学者给予肯定的评价。文化是创新的母体，文化产业是促进经济增长的策动力。G. Drake（2003）、朱菊萍等（2015）认为文化产业集聚会提高创新速率，Caves（2004）、艾伦·斯科特（2004）认为文化产业集群化发展还可以节约经销商和顾客的成本，增强文化产业集群的凝聚力，G. Gornostaeva等（2003）认为文化产业集群化发展会产生循环累积效应。Silver等（2016）指出，作为一种传导性举措，借助场景的塑造，文化传播可以形成抽象的人文感知信息，形成对城市的文化认同，提高城市的"吸附力"。文化产业集聚而形成的创意城市，会通过创造力

（Creativity）、凝聚力（Cohesion）和竞争力（Competitiveness）的相互作用而提高城市经济活力（Gertler，2004）。对于上海正在进行的文化大都市建设战略，沈露莹（2008）指出文化产业集聚将起到至关重要的推动作用。从微观层面看，文化产业集聚将促进文化企业之间的交流互动，深化网络分工（张萃等，2011；魏和清等，2016；顾江等，2017；江瑶等，2020），推进协调创新（Svirakova，2013），如美国的匹兹堡艺术文化特区、英国的谢菲尔德文化产业园等。从宏观层面看，文化产业集聚将有助于城市空间结构的优化（Chang，2009）、提升城市形象（刘友金等，2009），使城市历史环境得以重生（汪毅，2010）。

（二）不利影响

这种聚集效应需要在文化产业集群化发展到一定阶段才能实现，它是以有效企业管理模式和社会关系网络为条件的（王苗宇，2012）。因此，地理集聚对文化产业发展的促进作用还需研究（王苗宇，2012；卫志民等，2017；陶金等，2019）。还有学者认为文化企业的集群化发展可能会加剧经济发展的不平衡（Gibson，2002），因此推动文化产业发展不能完全依赖集群化发展（E. Chuluunbaatar等，2014）。

四、文化产业集聚的空间特征

知识密集的文化产业实现集群化发展与区域内学习创造能力高度正相关，这种学习创造能力只有大城市有条件提供（Pratt等，2004）。因此，集群出现在大城市的概率高（G. Drake，2003），有向城市中心特别是大城市集聚的趋势（C. Gibson，2001；Glaeser，2005），以设计和创意为主的文化产业，多分布在大城市的内城和中央商务区的边缘地区（Hutton，2006），如洛杉矶集中了全美电影业

70% 的产能，东京都市圈集中了日本电影业 60%、出版业 35% 和印刷业 40% 的企业。理查德·凯夫斯（2004）也认为大城市要比小城市更容易成为艺术家聚集的地方。但 Gibson 等（2004）研究发现，随着乡村地区基础设施的不断完善，逆城市化的发展使乡村地区逐渐成为文化创新的策源地。另有研究发现，以德国莱比锡为代表的西方国家文化产业集聚主要是市场自发的结果（Harald Bathelt，2003），Harald 指出这种自发性不完全是商业惯例的持续。例如，以日本东京为代表的东亚地区文化产业集聚是在政府主导下形成的。

第二章　理论基础

第一节　产业集聚与产业集群理论

一、产业集聚理论

产业集聚（Industry Agglomeration）是产业发展到一定阶段的产物，是指特定产业内相关企业和机构在特定地理区域内高度集中的现象，各企业和机构因共性和互补性等特征而紧密联系。

最早关注到产业在某一区域有空间集聚现象的是新古典经济学的创始人阿尔弗雷德·马歇尔（A. Marshal, 1890），他阐述了规模经济（包括内在经济和外在经济）下产业集聚的经济动因，并指出促进专业化投入和服务的发展、提供特定产业技能的劳动力市场以及企业从中获益是引起产业集聚的三个主要原因。事实上在马歇尔之前，古典经济学的代表人物亚当·斯密（A. Smith）的绝对利益学说和大卫·李嘉图的比较利益学说，就已经看到聚集经济的存在。区位理论的开创者约翰·海因利希·冯·屠能（J. H. von Thünen, 1826）在寻求解释德国工业化前期城市周边的农业活动模式时，也阐述过"聚集经济"现象。最先提出"聚集"概念的是阿尔弗雷德·韦伯（A. Weber, 1909），他把集聚定义为成本的节约，从节约成本角度探讨了企业区位选址问题，指出工业区位的确定主要受到交通运输成本和劳动力成本的影响。

韦伯认为产业集聚存在初级和高级两个阶段，初级阶段是通过企业自身扩大而产生集聚优势，高级阶段为各企业的相互关联而实现地方工业化。在高级聚集阶段，非农业区位的点状聚集产生了城市化。

奥古斯特·勒施（A. Losch，1940）在《经济的空间秩序》一书中阐述了产业集聚与城市的形成与城市化的关系，一方面城市化是产业集聚不可缺少的要素，另一方面产业集聚是城市化的必然结果。他将集聚分为两种类型，即自由集聚是在任何场合下都能发生的聚集，以及约束性集聚则是要受人口密度、地形、财富等空间差异的影响。埃德加·胡佛（E. Hoover，1971）总结出集聚有三种类型，分别为内部规模经济、地方化经济（对企业是外部的，但对产业部门而言是内部经济）和城市化经济（对企业和产业而言都是外部的）。他认为产业集聚存在一种最佳的规模，如果集聚企业过少，就达不到集聚的最佳效果；如果集聚企业过多，反而会使集聚区的整体效应下降。弗朗索瓦·佩鲁（F. Perroux，1955）研究了产业关联性与外部性引发的产业集聚问题，认为产业集聚给产业结构带来了特殊效应，经济增长就是通过生产的集聚作用及其辐射作用而带动。基于合作和竞争的视角，迈克尔·波特（M. Porter，1990）阐述了产业集聚的动因，即为了获得竞争上的优势，并在此基础上提出了"产业群"（Industry Clusters）的概念。

迈克尔·波特从创新能力的角度探讨了企业竞争力，从需求状况、要素条件、竞争战略、产业群等方面构建了一个"钻石模型"。迈克尔·波特认为在该模型里创新（包括产品创新和工艺创新）是关键，且有三种路径影响竞争：第一种是通过提高生产力施加影响，第二种是通过创新为生产力增长奠定基础，第三种是鼓励新企业进入即通过产业群来影响竞争力。20世纪90年代以保罗·克鲁格曼（P. Krugman，

1991）和藤田昌久（Fujita）为代表的新经济地理学（New Economic Geography）基于垄断竞争和规模经济的全新视角，通过构建 CP 模型，即"中心 - 外围"模型（Core-Periphmy Model），解释了聚集经济和产业集聚的现象——集聚的发生通过劳动力的跨地区流动来实现。新经济地理学还认为，只有工业品存在集聚现象而农产品不存在集聚现象，原因在于农产品受土地分布情况影响，而工业品生产很少使用土地。

二、产业集群理论

产业集群（Industry Cluster）是指相互关联的企业、关联产业、供应商、金融机构、专门化制度和协会在特定区域内集聚而形成的群体（波特，1990）。产业集群并非产业集聚的同义语。产业集聚是研究产业由分散到集中的空间转换过程；而"产业集群"是静态的结果，是研究产业在某一地理空间上的分布情况。OECD（经济合作与发展组织）把"产业集群"划分为三个层次：联系经济结构的产业集团（国家层次）、产业间和产业内生产链不同阶段的联系（部门或产业层次）以及围绕一个或几个核心企业形成的专业化供应商（企业层次）。

（一）萌芽时期的"产业集群"理论

"产业集群"理论萌芽于以亚当·斯密为代表的古典经济学的分工理论和以阿尔弗雷德·马歇尔为代表的新古典经济学的"产业区"（Industrial District）理论，虽然还没有明确的提法，但其中已经蕴含了"产业集群"的一些思想。亚当·斯密（1776）认为专业化和分工一方面有助于企业取得规模经济的效益，这源自分工可以促进技术的进步和劳动生产力的提高；另一方面会产生细分的产业部门，在特定区域形成众多经济活动的集聚，即集聚经济。在亚当·斯密之后的新古典经济学的代表阿尔弗雷德·马歇尔（1890）所描述的集中于某些地方的"地方性工业"，就是具有分工性质的企业在特定区域的集聚和集群化发展。他分析了"产业集群"的动因就是为了获取外部规模经济的好处，"这种经济往往是从许多因性质相似的企业集中在特定的地方，即通常所说的工业地区分布中获得[①]""当一种工业已这样选择了自己的地方时，它会长久设在那里的[②]"，这时它会从"邻近的地方"获得很大的利益，即取得规模经济的好处。

此后的空间地理学派也从多角度研究了经济活动在空间上集聚的过程和动因，如阿尔弗雷德·韦伯的工业区位论（Industrial Location Theory）、弗朗索瓦·佩鲁的增长极理论（Growth Pole Theory）、皮埃尔·科罗索夫斯基（M. B. Kelosovskii）及沃尔特·艾萨德（W. Isard, 1959）的地域生产综合体理论（Territorial Production Complex）等，关注产业区内企业之间的物质联系，强调外部经济给企业集中所带来的好处。但上述理论并不是真正意义上"产业集群"的范畴，因为其只关注了企业在地理空间上的集中。

（二）现代"产业集群"理论

现在认为的"产业集群"理论源于20世纪90年代由迈克尔·波特创立的竞争优势理论。迈克尔·波特最先在《国家竞争优势》（1990）一书中提出，并在随后《竞争论》（2003）中完整表述了"产业集群"的内涵，前文所描述的"产业集群"的概念就是来自波特的观点。他认为，"产业集群"对集群内企业取得竞争优势至关重要。一方面，"产业集群"能够为企业找到专业化的劳动力、符合要求的供应商和专门信息等，从而提高企业的劳动生产率；另一方面，地理集中形成的竞争压力以

---

① 马歇尔. 经济学原理：上卷 [M]. 北京：商务印书馆，1997：279-280.
② 同① 284.

及近距离的知识扩散，促使企业不断提高持续创新能力。此外"产业集群"还可以降低企业进入和退出市场的风险，促进新成员的产生与发展，而新成员的加入与发展可以为"产业集群"提供源源不断的资产、技术、投资品和人力资源等生产要素。

比较有影响力的"产业集群"理论还有新产业区理论、区域创新环境理论和区域创新系统理论等。新产业区理论（New Industrial District Theory）认为，根植共同的文化与制度背景的区域创新网络将有助于改善区域创新的环境，区域创新的网络和环境的有效叠加将推动新产业区的形成（Remigio，1997；Apello，1999）。以区域经济学家（Aydalot；Keeble，1993；Camagni，1995）为代表的欧洲区域创新环境研究小组（GREMI，1985）定义的"区域创新环境"有广义和狭义之分，狭义的区域创新环境主要是指物质环境，如基础设施、产业结构、企业组织等；广义的区域创新环境包括促进创新的社会与文化环境，如制度、文化、法规等。GREMI 把企业视为环境的产物，把创新环境看成培育创新和创新性企业的场所，指出提高创新效率需要创新主体在地理区域上接近相关知识源，并通过频繁互动获得创新所需的隐性知识。Freeman（1991）把区域创新网络看成一种基本制度安排，创新网络的架构通过企业间的创新合作实现联结。并认为由信息技术引发的技术范式的转变，改变了经济系统中的传统行为，最终促使创新网络产生。

第二节 文化经济学理论

作为人类社会精神文明的象征，文化艺术以各种潜移默化的隐性方式影响着人们的经济行为和社会活动，并且深刻地影响着社会再生产。文化经济学（Cultural Economics）是研究文化与经济之间关系的一门学科，它以文化的生产与消费之间的矛盾运动为主线，运用经济学的理论和方法研究文化现象以及出现的问题，揭示文化经济运动的基本规律。鉴于其隐性作用，长期以来，文化艺术对社会经济的作用不仅在理论上难以受到学术界的关注，而且实践上也难以受到实际工作的重视；直到工业革命之后，以出版业为代表的文化艺术作品大规模产业化的出现，才使这一现象得以改变。20世纪后半叶，随着信息技术被广泛应用于文化的生产、流通和消费领域，文化经济开始走进大众视野，并在21世纪发展为新兴产业，成为国民经济的支柱。

一、文化经济学的产生与发展

探索文化艺术经济发展历程，最早可以追溯到亚当·斯密的《道德情操论》（1759）和《国富论》（1776）。亚当·斯密在继承弗兰西斯·哈奇森（F. Hutcheson）的"道德感"学说（Moral Sense）、大卫·休谟（D. Hume）的"同情"学说（Sympathy）等基础上构建了以"同情"为基础的道德伦理体系，包括正义、仁慈、良心等伦理范畴。作为人类最原始的情感特质，同情旨在给双方在情感上的满足，在当事人双方表现出彼此一致的情感基调时，同情就能发挥作用。亚当·斯密指出，尽管每个人都会有私心，但为了获得他人支持（即同情），必须抑制个人的私心使其下降到能让他人接受的程度。市场经济是讲道德的经济，《国富论》就是在道德情操的假设下，研究个人如何受经济力量的制约。他认为良好的市场运行应建立在勤勉、节约和尊重的道德伦理基础上。

让·巴蒂斯特·萨伊（J. B. Say, 1803）进一步阐述了文化与经济的关系。他认为一切有交换价值的东西都是财富，不仅包括物质财富，还包括"虽不是有形但却有实际的价值①"的"无形财富"，把财富限定为有形的物质则缩小了政治经济学的研究范畴。不同于物质产品，让·巴蒂斯特·萨伊认为无形产品的生产和消费是同时发生的（如观看演出、听音乐会、听教师授课等），不过从消费功能上看无形产品和有形产品是相同的，即"所提供的愉快同样真实"。这种看法与现代文化经济学对文化产品的生产和消费的看法基本上一致。亚当·斯密的追随者让·沙尔·列奥纳尔·西斯蒙第（Sismondi）对非物质消费做出了很有见地的分析，他认为物质产品消费和非物质消费（精神消费）互为补充，即"每个消费者都按自己的意愿用自己的收入来交换物质享受和非物质享受②"。对于精神消费，一方面可以通过市场渠道以自己的收入通过自由交换来获得（如音乐、诗歌、戏剧等），属于个人消费范畴；另一方面可以通过政府渠道以税收或公众自由捐助的形式取得（如安全、教育、宗教等），但这属于集体消费。

乔治·弗里德里希·李斯特（F. List）则详细阐述了精神生产力的问题，他把物质生产和精神生产视为互为因果关系的两种力量，认为精神生产者的任务在于促进道德、宗教和文化知识的发展，从而使"物质财富愈加能够获得推进③"，这对于今天推进物质文明和精神文明建设具有非常重要的指导意义。他还认为教育家、音乐家等是生产者，并认为其生产价值比养猪、制药要高得多，指出前者是生产生产力，而后者只是生产交换价值。把文化视为生产力，也是马克思主义的论点之一。马克思（Karl Marx）在《1844年经济学哲学手稿》中指出，

---

① 萨伊. 政治经济学概论：财富的生产、分配和消费 [M]. 陈福生，陈振骅，译. 北京：商务印书馆，1963：59.
② 西斯蒙第. 政治经济学原理 [M]. 何钦，译. 北京：商务印书馆，1997：97.
③ 李斯特. 政治经济学的国民体系 [M]. 陈万煦，译. 北京：商务印书馆，1997：140.

要"发展一切生产力即物质生产力和精神生产力[①]",认为自然科学领域的进步就是精神领域进步的产物。马克思还指出,精神生产力(如宗教、家庭、国家与法律、道德、科学、艺术等)和物质生产力一样,都要"受生产的普遍规律的支配[②]",不过精神生产力不是直接实现的生产力。

二、文化经济学的研究内容

近年来,文化经济学的研究开始由规范分析转向实证分析,并集中在文化影响产出的路径和机制方面,最早进行系统性研究的是 L. Guiso 等(2006)。L. Guiso 等将宗教、种族以及风俗习惯、信念、价值观等具有相对稳定性且可以代际传承的特征界定为文化范畴,这为后来学者开展文化实证研究在变量选择和计量估计上提供了经验借鉴。他们认为文化会通过影响个体的先验信念和价值观,进而影响经济的产出。此后,文化经济学研究产生了两条发展脉络。

(一)文化因素对宏观经济发展的影响效应及其机制

文化因素对宏观经济发展的影响效应及其机制关注经济增长的动力和源泉,探讨为什么有些地区经济发展水平高以及决定经济发展的深层次因素有哪些。其研究主体:①以文化的某些特征为研究对象,探讨文化对经济增长的影响,如 Robert 等(2003)研究了宗教信仰的作用,Knack 等(1997)、Becher 等(2009)探讨了信任的影响,Bisin 等(2017)分析了文化和制度的相互作用,郭云南等(2014)考察了农村宗族文化对降低村庄内收入分配差距的影响,张军等(2015)分析文化异质性对中国出口贸易的影响。②以某些地区为研究对象,

---

① 中共中央马克思恩格斯列宁斯大林著作编译局. 马克思恩格斯全集:第46卷(上册)[M]. 北京:商务印书馆,1979:173.

② 马克思 . 1844 年经济学哲学手稿 [M]. 北京:人民出版社,2000:82.

探讨文化对经济增长的影响，如 Tabellini（2010）以欧洲为研究对象，Algan 等（2010）以中世纪意大利北部城市的自治经历为研究对象，Chen 等（2014）以改革开放后的中国为研究对象。

（二）文化因素对微观市场主体决策的影响

文化因素对微观市场主体决策的影响的研究主体包括文化对女性劳动力市场参与的影响（Fernandez 等，2004），文化对女性生育决策及生育行为的影响（Almond 等，2013；Zhang 等，2017；张川川等，2017），文化对创业投资的影响（Peng，2004；Guiso 等，2006；郭云南等，2013；田园等，2016；柴时军，2017），文化对居民金融参与决策的影响（李涛，2006；林建浩等，2016），文化对居民消费（储蓄）的影响（Al-Awad 等，2003；孙涛等，2005、2010；郭云南等，2012；万光彩等，2013；Guin，2015；）等。

第三节 演化经济学理论

一、演化经济学的产生与发展

"演化"（Evolutionary）为生物学术语，原指生物的进化，被引入经济学研究后是指以动态的、演化的理念来分析经济系统的发展（盛昭翰等，2002）。一般以托斯丹·邦德·凡勃伦（T. B. Veblen）、马克思、阿尔弗雷德·马歇尔等为早期演化经济学的代表。事实上，在托斯丹·邦德·凡勃伦之前，演化思想已经蕴含在亚当·斯密、托马斯·罗伯特·马尔萨斯（T. R. Malthus）等人的理论之中，如亚当·斯密关于交换倾向与人类进化的猜测、托马斯·罗伯特·马尔萨斯人口理论中竞争选择的思想。理论界有不少学者如克里斯托夫·弗里曼（C. Freeman）和弗朗西斯科·卢桑（F. Louca）把马克思认作演化经济思想的先驱，马克思的"资本主义生产方式的运动规律""生产力—生产关系的矛盾运动""资本主义周期性危机的功能"等理论包含经济演化的思想。

不过，"演化经济学"这一术语最先是由托斯丹·邦德·凡勃伦（1898）在《经济学为什么不是演化科学？》中提出。凡勃伦将达尔文的进化思想引入经济学的研究，产生了新的经济学研究范式——达尔文—凡勃伦范式，强调经济学应以"制度"或"广泛存在的社会习惯"作为研究对象，认为资本主义制度在"循环累积因果"（Cumulative Causation Model）的过程中发生演化，指出经济系统的演化不仅取决于系统外部的冲击，还取决于系统内部的演化。他认为引起系统演化的动力包括人口、知识和技能的改变（主要是技术）等，这些条件的变化改变了人们的预期。但真正让演化经济学被学术界重视的是阿尔弗雷德·马歇尔，他指出"经济过程是动态演化的，经济学家的麦加应当在于经济生物学，而非经济力学"[1]。可"生物学概念比力学的概念更复杂"，构建一门基于生物学的经济理论异常困难，也让阿尔弗雷德·马歇尔不得不重新研究静态均衡，因此"大量的经济基础理论研究还是以机械类比、均衡、稳定、决定性为主"[2]，并产生了基于制度不变假设的新古典主义经济学。早期的经济演化思想是被置于新古典主义的研究之中，研究的关注点在经济从静态到比较静态，再到动态的演化过程。

演化经济学（Evolutionary Economics）作为一个独立的理论分支出现，源自约瑟夫·熊彼特（J. Schumpeter）的工作。他在《经济发展理论》(1912)中构建了一套解释经济变迁和社会演进的理论框架，用"演化"的方法研究资本主义的发展，用"不间断的、路径性的创新思想"

---

[1]　马歇尔. 经济学原理：上卷 [M]. 朱志泰，陈良壁，译. 北京：商务印书馆，1981：18-19.

[2]　同[1].

解释资本主义的本质特征，认为资本主义经济周期是基于"循环流转"的渐变过程和基于"创新"的突变过程。熊彼特的演化思想由技术竞争、创新理论和资本主义演化三方面构成，指出资本主义的竞争是"新产品、新技术、新原料、新组织类型的竞争"，而这一切都来自具有创新特征的"企业家精神"（Entrepreneurial Spirit），企业家是生产要素重新配置的组织者、新生产方式引入的倡导者，是推动资本主义发展和创新的灵魂。

在约瑟夫·熊彼特之后，演化经济学的研究又陷入沉寂，直到20世纪80年代肯尼思·艾瓦特·博尔丁（K. E. Boulding）的《演化经济学》（1981）一书的出版才重新得到关注。1982年以理查德·R.纳尔逊（R. R. Nelson）和悉尼·G.温特（S. G. Winter）的《经济变迁的演化理论》的出版为标志，现代演化经济学正式形成。理查德·R.纳尔逊和悉尼·G.温特基于"惯例""搜寻""创新"和"选择环境"等概念，重构了经济理论研究的基础，搭建了经济演化理论的框架。他们将"惯例"（Rountine）设想为犹如生物遗传基因的一种"组织基因"，整个企业的运转都离不开惯例的作用，认为经济的演化过程是一种"惯例"的学习过程。但在企业现有"惯例"不能确保企业继续存在时，一方面需要"搜寻"（Searching）适合企业需要的已知技术和惯例，另一方面通过研究和重新"搜寻"原来没有的技术和惯例（即创新）。在发现有多个可供选择的方案时，企业要依据内部环境和外部环境的变化做出选择。

二、演化经济学的研究内容

在理查德·R.纳尔逊和悉尼·G.温特之后，越来越多的学者致力于演化经济理论的研究，研究内容主要集中在制度起源及其变迁与经济演化的路径依赖、市场主体的行为动机和技术变迁等方面。

（一）制度变迁理论与经济演化的路径

制度变迁是演化经济理论研究的核心领域之一，该理论把制度看成复杂且存在路径依赖的动态系统。道格拉斯·诺斯（D. North，1990）基于有限理性（Bounded Rationality）的假设，认为制度选择不是最优选择的过程，而是部分演化的结果。诺斯强调个人学习和社会学习在制度变迁中的作用，指出了从认知层面、制度层面、经济层面的制度变迁的路径依赖。哈耶克（F. A. Hayek, 1967）认为社会秩序（制度）是自然演化的结果，任何试图有意识地对自然演化的社会秩序进行再设计，都将带来极差的后果。安德鲁·肖特（A. Schotter, 1981）和青木昌彦（Aoki Masahiko, 2001）将博弈论的方法引入制度变迁分析，前者认为制度变迁是由特定的成分对策重复博弈的结果，后者认为制度演进是内生性对策均衡的结果。

（二）技术变迁与产业演化

关注技术变迁和产业演化是演化经济学另一重要研究领域，该理论主要关注技术创新的动力、技术创新与产业演进的互动关系。技术创新的动力来自哪里？理查德·R.纳尔逊等（1982）将之归于企业内部出现不正常情况且需要努力解决此问题的迫切意愿，Witt（2003）认为是源自企业外部压力而所经受的失败，Dosi等（2000）的"环境选择模型"也认为技术创新来自环境选择。对于技术创新在产业演化中所发挥的作用，Arthur认为至关重要的是塑造和反馈作用（Pavitt，1984）。Abernathy等（1978）基于生命周期理论，从产品创新、工艺创新和组织结构的关系，深入讨论技术创新是如何影响产业演进的。

经济增长是经济学研究的永恒话题，当然也是演化经济学的重要议题，演化经济学从微观过程和宏观现象相结合的角度研究经济增长的演化。微观层面的研究主要从新技术扩散（Metcalfe 等，1989）、与技术操作有关的学习（Dosi，2000）和关注非最优化的选择结果；宏观层面的研究主要从制度变迁（North，1990）研究经济增长的演化，弥补传统理论因忽略制度的作用而对经济增长解释的无力。

第三章　美国文化产业发展概述

美国经济分析局（Bureau of economic analysis，简称BEA）的工业经济核算司编制了艺术和文化生产账户（Arts and Cultural Production Satellite Account，简称ACPSA），统计了文化产业的专题数据。截至2021年11月，BEA发布了2001—2019年美国各州ACPSA账户数据。本章数据主要来自BEA的ACPSA账户数据。

第一节　文化产业在美国经济中的地位

文化产业在美国经济中的地位可以从投入和产出两个方面反映：文化产业增加值占GDP的比重和文化产业的就业量占全产业的比重。

一、美国文化产业的增加值贡献度

根据BEA的ACPSA数据统计，美国文化产业继2018年增长2.30%之后，在2019年增长3.70%。2019年，艺术和文化经济活动增加值为9197亿美元，占美国国内生产总值（GDP）的4.30%。将2001—2019年美国文化产业的增加值和占当年GDP的比重的数据绘制图形如 3-1 所示。由图 3-1 可见，第一，美国文化产业增加值从 2001 年的 4726.54 亿美元增加到 2019 年的 9197 亿美元，实现了 19 年间的稳定增长。第二，2001—2019 年，美国文化产业增加值占 GDP 的比重维持在 4.30% 左右。2002 年，美国文化产业增加值占比为 4.64%，是最近 19 年的最高值，这与美国在 2001 年 9 月 11 日遭受恐怖袭击有关，"9·11" 事件使美国经济受到巨大损失，美国民众的心理也受到了极大的伤害，美国民众对经济及政治上的安全感均被严重削弱，在此背景下，美国文化产业对经济和社会的贡献度大大提升。

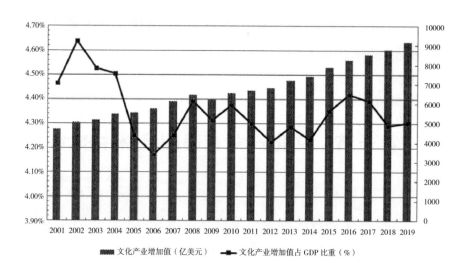

图 3-1　2001—2019 年美国文化产业增加值和占 GDP 比重

美国文化产业分为核心文化产业、支持文化产业和其他文化产业。核心文化产业又分为艺术表演业、博物馆业、设计服务业、文化艺术教育业和文化教育服务业。支持文化产业包括艺术支持服务业、文化信息服务业、文化产品制造业、文化建筑业、文化产品批发和运输产业、文化产品零售产业。将 2019 年美国文化产业对 GDP 的贡献度进行产业结构剖析,如图 3-2 所示。

可知,美国的文化产业增加值的构成中支持文化产业占较大比重,2019 年美国文化产业增加值中支持文化产业的占比为 75.68%,核心文化产业增加值的占比仅为 21.90%,其他文化产业占比 2.42%。

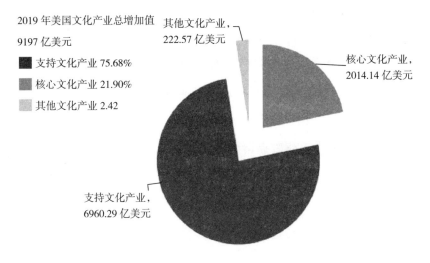

图 3-2　2019 年美国文化产业增加值的结构分析图

在所有的文化细分行业中,文化信息服务业对 GDP 的贡献度最大,它的 5 个细分行业的 GDP 贡献度分别为:广播业占 GDP 比重 0.73%,出版业占比 0.48%,电影业占比 0.32%,录音业占比 0.06%,其他信息服务占比 0.52%。艺术支持服务的 GDP 贡献度为 13%,其中政府提供的艺术支持服务占比为 0.53%。设计服务业的 GDP 贡献度为 11%,其包含的细分行业的贡献度中广告业占比 0.16%、建筑服务业占比 0.11%、其他的设计服务占比 0.19% 等。

二、美国文化产业的就业贡献度分析

美国文化产业的繁荣发展为美国民众提供了丰富多样的就业机会,

近十年文化产业就业量占比平均为 3.39%。基于 BEA 的 ACPSA 账户的数据统计，美国文化产业的就业量与占美国全产业就业量的比重如图 3-3 所示。可知，第一，近 19 年美国文化产业的就业量呈现先降后增的态势。第一阶段是 2001—2010 年，美国文化产业的就业量从 573.74 万人下降到 471.60 万人；第二阶段是 2011—2019 年，美国文化产业的就业量从 472.50 上升到 520.85 万人。第二，近 19 年美国文化产业的就业量与占美国全产业就业量的比重总体呈下降态势。其中，2001—2007 年文化产业就业量占比从 4.18% 急速下降到 3.59%；2008—2012 年文化产业就业量占比从 3.59% 缓慢下降到 3.40%；2013—2019 年文化产业就业量占比从 3.38% 微降到 3.33%。

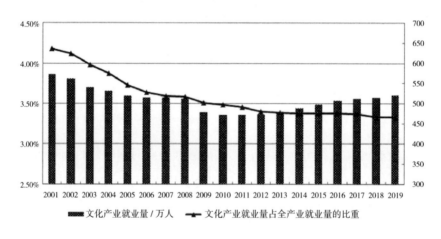

图 3-3　2001—2019 年美国文化产业就业量和占总就业量比重

三、美国文化产业增加值和就业量的综合分析

将 2001—2019 年美国各州的文化产业增加值占 GDP 的比重与就业量占全产业的比重画在一个图中，可以更清晰地分析美国文化产业对经济的贡献程度。如图 3-4 所示，美国文化产业增加值占比高于美

国文化产业就业人数占比，而且二者的差距近年来存在不断拉大的趋势，从 2001 年相差 0.29 个百分点增加到 2019 年 0.97 个百分点，形成差距的主要原因是美国文化产业创新活力较强，科技进步逐渐替代了文化产业的低端劳动力。

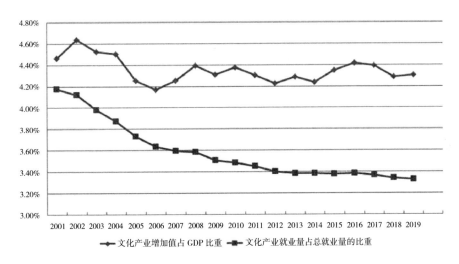

图 3-4　2001—2019 年美国文化产业增加值和就业量的综合分析

第二节　美国各州文化产业的空间分布现状

本节将使用 2019 年美国各州数据来分析美国文化产业的空间分布情况，使用增加值数据来反映文化产业的产出情况，使用就业人数来反映文化产业的劳动要素投入情况。

一、美国各州总体文化产业的产出分析

美国经济分析局（U.S. Bureau of Economic Analysis）统计的文化产业数据账户包含三大类文化产业：核心文化产业、支持文化产业和

其他文化产业。下面具体分析文化产业总体、核心文化产业和支持文化产业的相关发展情况。

（一）美国各州的文化产业总体增加值

根据美国经济分析局（U.S. Bureau of Economic Analysis）发布的 2019 年美国各州文化产业增加值数据，将之以地图形式展示，如图 3-5 所示。依图可见，美国各州文化产业发展极不平衡，各州差异巨大：加利福尼亚州（CA）和纽约州（NY）的文化产业发展水平遥遥领先，分别为 2324.53 亿美元和 1232.17 亿美元，排名第三的是华盛顿州（531.96 亿美元）；排名最后的特拉华州 2019 年文化产业增加值仅为 10.77 亿美元，其次是佛蒙特州的 11.22 亿美元和怀俄明州的 11.83 亿美元。

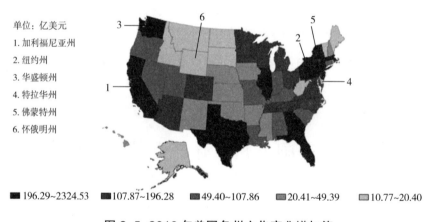

图 3-5 2019 年美国各州文化产业增加值

（二）美国各州的核心文化产业增加值

将 2019 年美国各州核心文化产业增加值数据展示在地图上，如图 3-6 所示。可见，美国各州核心文化产业发展的地区差异很大，且与文化产业总体增加值的区域差异较为相似。加利福尼亚州和纽约州依然遥遥领先，核心文化产业增加值分别为 570.73 亿美元和 339.01 亿美元，排名第三的是得克萨斯州（102.92 亿美元）。但排名最靠后的三个州，与文化产业总体排名不同，核心文化产业增加值最低的是西弗吉尼亚州，仅为 1.16 亿美元，其次是阿拉斯加州（1.24 亿美元）和怀俄明州（1.56 亿美元）。

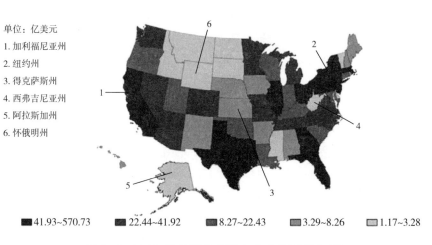

图 3-6　2019 年美国各州核心文化产业增加值

（三）美国各州的支持文化产业增加值

将 2019 年美国各州支持文化产业增加值数据展示在地图上，如图 3-7 所示，可发现美国各州支持文化产业发展的区域差异与文化产业总体增加值的区域差异较为相似。排名第一的是加利福尼亚州，支持文化产业增加值为 1727.66 亿美元，然后是纽约州（878.04 亿美元）、华盛顿州（494.99 亿美元）。排名最后的是特拉华州，支持文化产业增加值为 7.73 亿美元，其次是佛蒙特州（8.10 亿美元）和怀俄明州（9.56 亿美元）。

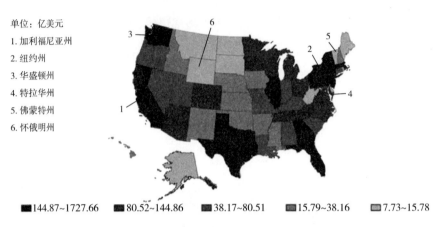

单位：亿美元
1. 加利福尼亚州
2. 纽约州
3. 华盛顿州
4. 特拉华州
5. 佛蒙特州
6. 怀俄明州

■ 144.87~1727.66 ■ 80.52~144.86 ■ 38.17~80.51 ■ 15.79~38.16 ■ 7.73~15.78

图 3-7 2019 年美国各州支持文化产业增加值

（四）美国典型 10 个州的文化产业增加值的综合分析

由上文的分析可以看出，美国文化产业总体、核心文化产业和支持文化产业的增加值在美国各州的区域差异均较大。将文化产业总体增加值排名前 5 和后 5 的 10 个州的数据汇总见表 3-1。通过分析数据可以发现，美国各州的文化产业总体增加值的排名和支持文化产业增加值的排名基本一致，而核心文化产业增加值的排名与总体排名有差异，其中华盛顿州的差异最大，其核心文化产业增加值仅排名在美国的第 17 位。

表 3-1 2019 年美国 10 个州的文化产业增加值 单位：亿美元

排名	州名	文化产业总体增加值	核心文化产业增加值	支持文化产业增加值	其他文化产业增加值
1	加利福尼亚州	2324.53	570.73	1727.66	26.14
2	纽约州	1232.17	339.01	878.04	15.12
3	华盛顿州	531.96	32.21	494.99	4.76
4	得克萨斯州	497.66	102.92	373.54	21.20

续表

排名	州名	文化产业总体增加值	核心文化产业增加值	支持文化产业增加值	其他文化产业增加值
5	佛罗里达州	382.99	96.08	274.46	12.45
47	阿拉斯加州	14.46	1.24	12.78	0.44
48	南达科他州	12.74	1.92	10.26	0.56
49	怀俄明州	11.82	1.56	9.56	0.70
50	佛蒙特州	11.22	2.75	8.10	0.37
51	特拉华州	10.76	2.26	7.73	0.77

二、美国各州总体文化产业的投入分析

本部分以文化产业的劳动力投入来分析美国文化产业的投入问题。

（一）美国各州的文化产业总体就业量

美国各州文化产业就业量的空间差异较大，就业人数最多的州是加利福尼亚州，2019 年从业人员为 779932 人，占全国文化产业就业量的 14.98%。文化产业总体就业人数最少的州为特拉华州，仅为 8854 人，前者是后者的 88.09 倍。这与美国各州的地域面积不等有关，加利福尼亚州的占地面积为 411013 平方千米，特拉华州面积仅为 6452 平方千米，二者相差是特拉华州的 62.70 倍。美国各州文化产业总体就业量的空间差异如图 3-8 所示。

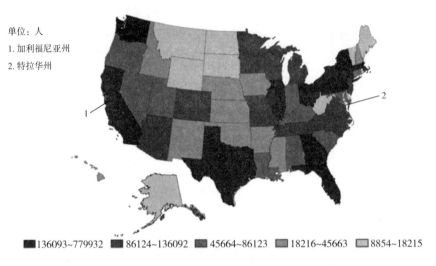

单位：人
1. 加利福尼亚州
2. 特拉华州

■ 136093~779932　■ 86124~136092　■ 45664~86123　■ 18216~45663　■ 8854~18215

图 3-8　2019 年美国各州文化产业总体就业量

（二）美国各州的核心文化产业就业量

2019 年美国各州核心文化产业的就业量统计并不完备，有一部分州的数据缺失。据已知数据，加利福尼亚州的核心文化产业就业量是193385 人，仍为最高值；其次是纽约州，2019 年核心文化产业就业量为 166731 人。就业量最少的州是怀俄明州，仅为 1672 人；其次为阿拉斯加州，为 1701 人。

（三）美国各州的支持文化产业就业量

2019 年美国各州支持文化产业的就业量是完整的，将之以地图形式展示，如图 3-9 所示，就业量最大的州依然是加利福尼亚州，就业人数为 568488 人，占全国支持文化产业就业量的 15.12%；就业量最小的州是特拉华州，就业人数为 5755 人。加利福尼亚州的支持文化产业就业量是特拉华州的 98.78 倍，两州的此项差异比两州的文化产业总体就业量差异更大。

单位：人
1. 加利福尼亚州
2. 特拉华州

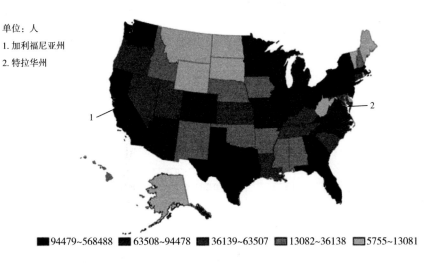

■ 94479~568488　■ 63508~94478　■ 36139~63507　■ 13082~36138　□ 5755~13081

图 3-9　2019 年美国各州支持文化产业就业量

（四）美国典型州的文化产业就业量的综合分析

由上文的分析可以看出，美国文化产业总体、核心文化产业和支持文化产业的就业量在美国各州的区域差异较大。将文化产业总体就业量排名前 5 和后 5 的 10 个州的数据汇总得到表 3-2。通过分析数据发现，美国支持文化产业占文化产业总体就业量的 72.19%，其各州排名和文化产业总体就业量基本一致。

表 3-2　2019 年美国 10 个州的文化产业就业量　　单位：人

排名	州名	文化产业总体就业量	核心文化产业就业量	支持文化产业就业量	其他文化产业就业量
1	加利福尼亚州	779932	193385	568488	18059
2	纽约州	504393	166731	328167	9495
3	得克萨斯州	391922	83233	295595	13094
4	佛罗里达州	261565	70881	181208	9476

排名	州名	文化产业总体就业量	核心文化产业就业量	支持文化产业就业量	其他文化产业就业量
5	伊利诺伊州	216722	缺失	149866	缺失
47	北达科他州	12473	2051	10422	434
48	阿拉斯加州	11559	1701	9858	312
49	怀俄明州	11323	1672	9651	255
50	佛蒙特州	11070	3312	7758	309
51	特拉华州	8361	2606	5755	493

2019 年，美国文化产业总体的就业量比 2018 年增加 1.20%，薪酬提升 3.90%。其中，核心文化产业的就业量增加 2.10%，薪酬提升 3.30%；支持文化产业的就业量增加 0.90%，薪酬提升 4.10%。将美国各州文化产业就业量的变动率和薪酬的变动率结合起来，可以分析出美国各州文化人才的流入和流出情况。将美国文化产业总体就业量增速排名前 6 名和最后 6 名的州列在表 3-3 中。可知，第一，薪酬和就业量的变动基本上呈同方向变动。薪酬提升较多的州，文化人才呈净流入趋势，就业量增加较大；薪酬下降的州，文化产业就业量也普遍降低。第二，华盛顿州的支持文化产业薪酬提升了 14.10%，促使就业量增加 8.40%；华盛顿州的细分文化行业中就业量增加比较多的是文化建筑业（增加 2.83%）和文化产品零售业（增加 2.50%）；夏威夷州的文化产业就业人数增加 5.60%，主要源自文化建筑业就业的增加（提升 5.69%），夏威夷州支持文化产业的薪酬也提升 9.70%。第三，怀俄明州的文化产业总体就业量下降 6.70%，主要是由于其支持文化产业就业量的下降（降

低 8.10%），其中文化建筑业的就业量下降 6.68%；西弗吉尼亚州文化产业就业量的下降，主要是由于政府的艺术支持服务业的就业人数下降（1.38%）和文化建筑业的就业人数下降（1.99%）所致。研究发现，美国各州文化产业就业量和薪酬的波动，主要源自文化建筑业的波动，建筑业的发展本身就具有一定的周期性，一个地区如果一段时间内建造了较多座建筑，接下来的一段时间建筑业的需求就会下降。

表 3-3　2018—2019 年美国 12 个州的文化产业的就业量增速　单位：%

排名	州名	文化产业总体		核心文化产业		支持文化产业	
		就业	薪酬	就业	薪酬	就业	薪酬
1	华盛顿州	7.10	13.10	1.60	3.10	8.40	14.10
2	夏威夷州	5.60	7.10	1.20	0.40	8.20	9.70
3	俄克拉何马州	5.60	6.10	8.70	3.60	5.20	6.90
4	内华达州	4.20	5.30	5.10	5.60	4.00	5.30
5	内布拉斯加州	3.80	7.40	2.60	2.00	4.50	9.20
6	宾夕法尼亚州	2.60	6.60	0.30	2.90	3.70	7.90
46	北达科他州	−1.20	0.60	−2.60	5.40	−1.00	0.00
47	罗得岛州	−1.60	2.20	−2.10	−1.90	−1.50	3.40
48	康涅狄格州	−1.80	2.40	−2.00	−0.40	−1.80	3.20
49	明尼苏达州	−2.10	0.00	0.10	0.60	−2.90	−0.20
50	西弗吉尼亚州	−4.40	−4.30	4.10	6.20	−5.70	−5.30
51	怀俄明州	−6.70	−5.70	0.70	3.60	−8.10	−6.70

三、美国各州总体文化产业的投入和产出的综合分析

由前文的分析可得，美国各州文化产业发展差异较大，文化产业总体增加值和就业水平最高的都是加利福尼亚州，其次是纽约州。将2019年美国文化产业总体增加值排名前10位的州产业增加值和就业量呈现见图3-10。通过分析数据可知，第一，各州文化产业增加值的排名与就业量的排名基本一致。加利福尼亚州和纽约州的文化产业增加值和就业量都遥遥领先，美国文化产业的空间分布呈现"双高地"特征。第二，图3-10中2019年10个州的文化产业增加值总和占美国文化产业总体增加值的68.66%，10个州的文化产业就业量占美国文化产业总体就业量的56.71%。由此可见，美国文化产业空间分布存在典型的集聚现象。

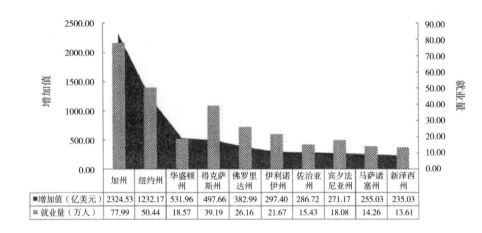

	加州	纽约州	华盛顿州	得克萨斯州	佛罗里达州	伊利诺伊州	佐治亚州	宾夕法尼亚州	马萨诸塞州	新泽西州
■增加值（亿美元）	2324.53	1232.17	531.96	497.66	382.99	297.40	286.72	271.17	255.03	235.03
▨就业量（万人）	77.99	50.44	18.57	39.19	26.16	21.67	15.43	18.08	14.26	13.61

图3-10 2019年美国文化产业总体增加值排名

前10的州的产业增加值和就业量

第三节　美国细分文化产业发展概述

根据美国经济分析局（BEA）的 ACPSA 账户分类标准，美国文化产业分为核心文化产业、支持文化产业和其他文化产业。其中核心文化产业与支持文化产业又包含多个细分文化行业。

一、美国细分文化产业的产出演化分析

核心文化产业和支持文化产业下包含 11 个文化细分产业增加值的占比分析，分别为：艺术表演业、博物馆业、设计服务业、文化艺术教育业、文化教育服务业、艺术支持服务业、文化信息服务业、文化产品制造业、文化建筑业、文化产品批发和运输业以及文化产品零售业。另外，由于美国文化产业除了核心文化产业和支持文化产业，还包含其他文化产业，整理所得数据见图 3-11，力求呈现完整的美国文化产业增加值结构。

2019 年美国 12 个文化细分产业的增加值占比数据见图 3-11，2001 年美国 12 个细分文化产业的增加值占比数据见图 3-12，完整的饼图反映了美国文化产业总体增加值。通过分析对比两个图可知：第一，美国文化产业占比最大的是文化信息服务业，而且从 2001 年的占比 31.24% 增加到 2019 年的 52.54%；19 年间，文化信息服务业增加值从 1.77 亿美元提升到 4.55 亿美元，增长了 157.06%。第二，美国文化产业增加值占比第二的是艺术支持服务业，该行业的占比从 2001 年的 26.75% 下降到 2019 年的 11.64%，增加值从 2001 年的 1.51 亿美元下降到 2019 年的 1.01 亿美元，下降了 33.11%。第三，美国文化产业增加值占比第三和第四的文化细分行业分别为设计服务业和艺术表演业，

其中设计服务业的占比稍有下降，从占比 11.54% 下降到 10.98%；艺术表演业的比重稍微提升，从占比 7.19% 增长到 8.26%。

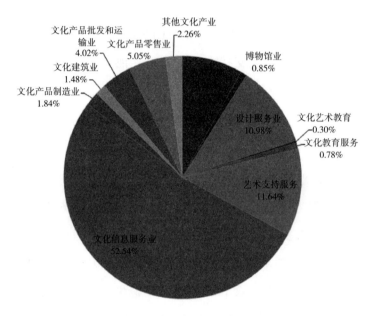

图 3-11　2019 年美国 12 个细分文化产业增加值结构占比图

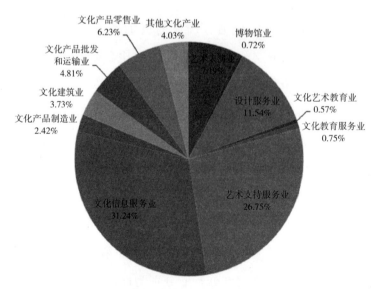

图 3-12　2001 年美国 12 个细分文化产业增加值结构占比图

二、美国文化信息服务业细分产业的产出演化分析

自 2001 年以来，美国文化信息服务业的发展迅速，该行业包含 5 个细分文化行业，分别为出版、电影、录音、广播和其他信息服务，美国的电影、广播和出版业的发展水平均处于全球领先地位。下面就对这 5 个行业进行深入分析，将 2001—2019 年这些行业的增加值呈现在折线图中，则可清晰地看出其发展变化。如图 3-13 所示可以发现，第一，美国的其他信息服务业增加值在这 19 年间增加最快，从 2001 年的 481 万美元，增加到 2019 年的 12566 万美元，这反映了美国信息技术的快速发展和其在文化产业领域的广泛应用。第二，5 个行业中美国的广播业增加值最高，从 2001 年到 2015 年处于快速上升期，之后相对平稳。第三，美国的出版业经历了两个快速上升期：2001—2005 年和 2014—2019 年。第四，美国的电影业处于波浪上升趋势，自 2001 年到 2010 年增长迅速，2010 年之后，电影业的增加值稍有回落。第五，美国录音业的发展一直比较平稳。

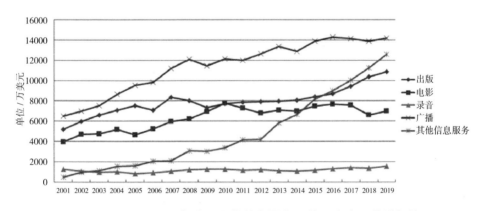

图 3-13 2001—2019 年美国文化信息服务业的细分产业的增加值

三、美国艺术支持服务细分部门的产出演化分析

自 2001 年以来，美国艺术支持服务增加值下降较多。艺术支持服

务包含 5 个细分部门：出租和租赁、资助和赠予服务、工会、政府、其他支持服务，其中美国政府在 2001 年之后逐渐减少了对文化产业的扶持力度。下面就对这 5 个部门进行深入分析，将 2001—2019 年这些部门的增加值呈现在折线图中，则可清晰地看出其发展变化。由于政府部门支持远大于其他部门，所以将其数值绘制于右侧的次坐标轴；其他部门数值绘制于左侧的主坐标轴。如图 3-14 所示可以发现，第一，美国政府自 2002—2007 年，逐年减少对文化艺术产业的支持，从14197.5 万美元下降到 9617 万美元。2007 年之后，这一数值相对稳定。第二，出租和租赁的增加值从 2001 年的 809.1 万美元下降到 2019 年的501.6 万美元。第三，工会对文化产业的支持基本保持稳定，2001 年为103.2 万美元，2019 年为 119.9 万美元。第四，资助和赠予服务对文化产业的贡献逐渐上升，从 2001 年的 58 万美元增加到 2019 年的 95.3 万美元。

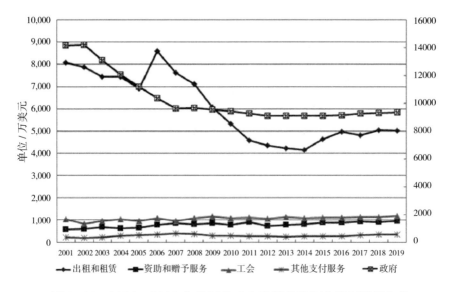

图 3-14　2001—2019 年美国艺术支持服务的细分部门的增加值

第四节　美国五个文化产业强州的发展概述

从世界范围来看，文化产业分布是不平衡的，主要集中在以美国为核心的北美地区、以英国为核心的西欧地区、以中、日、韩为核心的东亚地区。美国作为世界上文化创意产业最发达的国家，也存在发展不均衡问题，其文化产业主要集中在加利福尼亚州、纽约州、佛罗里达州、得克萨斯州和华盛顿州等 5 个州。根据美国经济分析局的统计数据，这 5 个州的文化产业增加值在全美的比重超过 54.03%，2019 年全美文化产业的增加值为 9196.89 亿美元，这 5 个州分别贡献了 2324.53 亿美元、1232.17 亿美元、382.99 亿美元、497.66 亿美元和 531.96 美元。这 5 个州的文化产业从业人员在全美的比重超过 25.34%，2020 年全美文化产业的从业人员为 838.10 万人，这 5 个州分别为 77.99 万人、50.44 万人、26.16 万人、39.19 万人和 18.57 万人。

一、加利福尼亚州

加利福尼亚州位于美国西海岸，毗邻俄勒冈州、内华达州、亚利桑那州，南部与墨西哥接壤。加利福尼亚州地形狭长，全州面积 41.10 万平方千米（美国面积第三大州），常住人口 3993.75 万人（全美第一人口大州，2019 年数据）。加利福尼亚州是美国经济实力最强的州，该州产业呈现多元化和集群化发展的趋势，区域经济特色非常明显，农业（水果、蔬菜）、信息技术（计算机硬件和软件）、生物制药、清洁能源、航空航天、旅游业、文化产业（影视制作、动漫、电子游戏等）、教育等产业的实力在全美排名前列，不过，加利福尼亚州的制造业却处于相对劣势状态。2020 年地区生产总值为 30710.21 亿美元。

　　加利福尼亚州的文化娱乐产业非常发达，这里汇聚了全美乃至全球实力最强的影视制作、唱片录制等企业，如派拉蒙、福克斯、华纳兄弟、环球影业和迪士尼公司等；全球著名的信息科技企业，如苹果、甲骨文、惠普等；全球知名的文化教育机构，如加利福尼亚州大学、加州理工学院、加州艺术学院、加州音乐学院等；以及众多的电视台、电台、艺人管理公司。文化产业在加利福尼亚州的高度集聚，使加利福尼亚州文化产业的增加值和从业人员在全美排名也是最高的。2019 年，加利福尼亚州文化产业增加值为 2324.53 亿美元，占全美文化产业的比重为 25.28%，占地区经济比重达到 7.42%；加州文化产业的从业人员（包括全职人员和兼职人员）为 77.99 万人，占全美文化产业的比重达到 9.31%，占加利福尼亚州全部产业从业人员的比重为 4.19%（见表 3-4）。2001—2019 年加利福尼亚州的文化产业增加值年均增长率为 4.60%，其中增长最快的表演艺术及相关产业、计算机系统设计业、教育服务业，分别增长了 12.70%、9.80% 和 8.40%。

表 3-4　加利福尼亚州文化产业的相关数据

年份	地区生产总值/亿美元	文化产业增加值/亿美元	从业人员		
			全部产业/万人	文化产业/万人	比重/%
2019	31328.01	2324.53	1859.86	77.99	4.19
2018	29750.83	2203.51	1829.60	76.20	4.16
2017	28310.38	2189.35	1790.63	76.48	4.27
2016	26711.01	2044.05	1760.28	76.61	4.35
2015	25596.43	1920.96	1718.76	73.24	4.26

数据来源：美国商务部经济统计局：https://www.bea.gov/。

二、纽约州

纽约州位于美国东北部的新英格兰地区，东临康涅狄格、马萨诸塞及佛蒙特，南接新泽西和宾夕法尼亚，北部与加拿大接壤。境内地形复杂，以山地和高原为主，著名的尼亚加拉瀑布位于纽约与加拿大的交界处。全州面积小而常住人口多是纽约州的特点，面积只有 12.13 万平方千米（在全美仅列第 30 位），人口有 1944.05 万人（在全美排名第 4，2019 年的数据），是美国人口密度最大的州之一（达到 160 人/平方千米）。纽约州是美国经济最为发达的州之一，工业和农业非常发达，多种农产品的产出在全美都位于前列，制造业门类齐全且地位突出，海运、金融业和对外贸易是其支柱产业，2020 年地区生产总值达到 17773.89 亿美元。①

纽约州的文化产业以广播、电影和设计服务为主导，但主要集中在纽约市。优越的地理位置、便利的交通、频繁的贸易往来以及金融业的高度集聚，推动了纽约市服务业尤其是文化娱乐产业的大发展，再加上文化的多元性、社会的包容性吸引了世界各地的文化艺术人才汇聚到这里。百老汇是纽约文化产业的缩影，有 280 多个音乐舞蹈演艺团体、3000 多家演艺经营公司参与内容制作和经营，同时还有行业协会负责相应的各文化企业之间的利益维护和协调。除了百老汇，纽约还是美国最重要的文化教育中心、图书出版中心、博物馆城，这里有纽约大学、哥伦比亚大学和茱莉亚音乐学院等顶级名校以及 147 所各类社区学校；还有企鹅兰登出版公司、西蒙与舒斯特出版公司、赫斯特集团等世界顶级出版企业；更有大都会艺术博物馆、现代艺术博物馆、美国自然历史博物馆、美洲印第安博物馆等世界顶级博物馆。经过 300 多年的发展，纽约已经成为美国最重要的文化艺术中心。2019

---

① 数据来源：美国商务部经济统计局 https://www.bea.gov/。

年，纽约州文化产业增加值为 1232.17 亿美元，占全美文化产业的比重为 13.40%，占地区经济比重达到 6.95%；纽约州文化产业的从业人员（包括兼职人员）为 50.44 万人，占全美文化产业的比重达到 6.02%，占该州全部产业从业人员的比重为 5.09%（见表 3-5）。2001—2019 年纽约州的文化产业增加值年均增长率为 4.00%，其中增长最快的是计算机系统设计业、教育服务业、表演艺术及相关产业，分别增长了 9.60%、7.30% 和 7.10%。

表 3-5　纽约州文化产业的相关数据

年份	地区生产总值 / 亿美元	文化产业 增加值 / 亿美元	从业人员		
			全部产业 / 万人	文化产业 / 万人	比重 /%
2019	17722.61	1232.17	991.44	50.44	5.09
2018	17950.10	1184.82	979.41	49.66	5.07
2017	16088.90	1183.28	962.56	49.17	5.11
2016	15459.88	1184.74	951.15	49.16	5.17
2015	14856.21	1134.11	938.65	48.75	5.19

数据来源：美国商务部经济统计局 https://www.bea.gov/。

三、佛罗里达州

佛罗里达州位于美国墨西哥湾沿岸的佛罗里达半岛上。该州东、西、南三面环海，其北部地区与亚拉巴马州、佐治亚州接壤。佛罗里达州地形狭长，全州面积 15.2 万平方千米，在美国仅位列第 22 位，但却是美国第三人口大州，全州人口 2199.30 万人（2019 年的数据），迈阿密、奥兰多是其境内最大的城市。佛罗里达州是位列加利福尼亚州、得克萨斯州和纽约州之后的美国第四大经济体，旅游业、制造业和农业是其优势产业，除此之外生命科学技术（医疗设备、生物制药等）也十分有名，如著名的肯尼迪航天中心就位于该州，同时佛罗里达州的对外贸易非常发达。2020年地区生产总值达到11337.26亿美元。[1]

佛罗里达州是全球著名的滨海城以及文化旅游胜地。2019年，佛罗里达州文化产业增加值为382.99亿美元，占地区经济比重达到3.46%，文化产业已经成为该州的支柱产业。佛罗里达州文化产业的从业人员（包括兼职人员）为26.16万人，在全美文化产业的占比为3.12%，占该州全部产业从业人员比重的2.80%（见表3-6）。2001—2019年佛罗里达州的文化产业增加值年均增长率为4.30%，其中增长最快的是独立艺术家（作家）及表演业、定制建筑木制品、金属制品制造业和计算机系统设计业等，前两者增长超过10%，后两个行业增长也超过了9%。

表3-6　佛罗里达州文化产业的相关数据

年份	地区生产总值/亿美元	文化产业增加值/亿美元	从业人员		
			全部产业/万人	文化产业/万人	比重/%
2019	11065.00	382.99	933.88	26.16	2.80
2018	10502.98	370.85	914.72	26.45	2.89
2017	9900.97	369.08	892.44	26.40	2.96
2016	9415.61	364.08	873.53	26.14	2.99
2015	8977.55	343.28	847.23	25.12	2.96

数据来源：美国商务部经济统计局 https://www.bea.gov/。

---

[1]　数据来源：美国商务部经济统计局 https://www.bea.gov/。

四、得克萨斯州

得克萨斯州位于美国西南地区墨西哥湾,其北部与新墨西哥州、俄克拉何马州相邻,东面与阿肯色州、路易斯安那州毗邻,在南部与墨西哥接壤。休斯敦(美国第四大城市)、圣安东尼奥、达拉斯是得克萨斯州的主要城市。得克萨斯州的全州面积和人口总数均在美国排名第二,全州面积为 69.56 万平方千米(仅次于阿拉斯加州),人口为 2908.71 万人(仅次于加利福尼亚州,2019 年的数据)。得克萨斯州产业多元化且非常发达,能源化工(石油、天然气)、农牧业(养牛业非常发达,以牛仔形象闻名)、航空航天(约翰逊航天中心)、生物医药(得州医学中心是世界上最大的医学城)、新材料、电子(集成电路)等都是优势产业。2020 年地区生产总值为 18329.34 亿美元。[①]

说到得克萨斯州的文化,大家首先想到的就是举世闻名的牛仔文化。在休斯敦,每年 3 月都会举行影响巨大的牛仔牲畜展和竞技节,在牛仔牲畜展和竞技节举办的 3 周内会穿插安排多场音乐会演出,每年吸引着 300 万左右的游客到访。音乐是得克萨斯州文化产业的标签,这里汇聚了各种形式的音乐,有蓝调、摇滚以及古典音乐等,常驻的交响乐团数量超过 20 个。和纽约州一样,戏剧表演、博物馆也是得克萨斯州文化产业的特色。得克萨斯州每年 5 月 20 日举办的莎士比亚戏剧节是全美最具规模的戏剧盛事,吸引全美乃至全球的艺术家们参加演出,此外,该州的大学剧团每年也会推出各种戏剧节目。得克萨斯州的多座城市也是博物馆之城,州内的布兰顿艺术博物馆是全美最大的大学艺术博物馆之一,此外还有林登·约翰逊总统图书馆暨博物馆、乌姆劳夫雕塑博物馆、自然历史博物馆。得克萨斯州是美国的文化产业强州,2019 年文化产业增加值为 497.66 亿美元,在全美文化产业比重中超过 5.41%,占地区经济比重的 2.70%;得克萨斯州文化产业的从

---

① 数据来源:美国商务部经济统计局 https://www.bea.gov/。

业人员（包括全职人员和兼职人员）为 39.19 万人，占全美文化产业的比重为 4.68%，占得克萨斯州全部产业从业人员比重的 2.95%（见表 3-7）。2001—2019 年得克萨斯州的文化产业增加值年均增长率为 4.90%，其中增长最快的是艺术家管理（机构）业、独立艺术家（作家）及表演业、定制建筑木制品和金属制品制造业、计算机系统设计业等，均超过了 10%。

表 3-7　得克萨斯州文化产业的相关数据

年份	地区生产总值 / 亿美元	文化产业增加值 / 亿美元	从业人员		
			全部产业 / 万人	文化产业 / 万人	比重 /%
2019	18438.03	497.66	1326.97	39.19	2.95
2018	17956.35	487.29	1297.33	38.99	3.01
2017	16654.28	464.18	1266.25	37.29	2.94
2016	15676.87	445.28	1245.17	36.13	2.90
2015	15643.74	425.76	1230.54	35.35	2.87

数据来源：美国商务部经济统计局 https://www.bea.gov/。

五、华盛顿州

华盛顿州位于美国西海岸，与俄勒冈州、爱达荷州毗邻，在北部与加拿大接壤。喀斯喀特山脉纵贯该州中部，使地形呈现中间高、两边低的特征，全州面积 18.47 万平方千米（全美排名第 18 位），人口 779.71 万人（全美排名第 13 位），西雅图、奥林匹亚（首府所在地）是其境内最大的城市。华盛顿州的制造业非常发达、服务业实力强劲，在全美乃至全球都具有相当的影响力。制造业包括飞机制造业及零部件生产、精密仪器、造船及其他运输设备、生物科技及环保科技等，服务业包括计算机软件、旅游观光、商业零售等，2020 年地区生产总值为 6211.69 亿美元。[①]

———————

① 数据来源：美国商务部经济统计局 https://www.bea.gov/。

种族待遇平等、社会治安的良好状况以及创新性劳动力占比高，使华盛顿州的创新水平很高，该州的西雅图、旧金山与奥斯汀并列为全美创造力指数第一的城市。创造力指数高，吸引了越来越多的高新技术企业入驻，有代表性的就是微软公司（生产了全世界 1/8 的电脑软件）、亚马逊（被称为"地球上最大的书店"）等。华盛顿州还是音乐发烧友的向往之地，这里的音乐艺术以另类音乐（西雅图之声）最为著名，位于西雅图的音乐博物馆吸引着众多游客的目光。相对于加利福尼亚州、纽约州等文化产业大州，华盛顿州的文化产业规模并不大，2019 年增加值为 531.96 亿美元，但占地区经济比重为 8.68%，文化产业是华盛顿州名副其实的支柱产业。华盛顿州的文化产业从业人员有 18.57 万人，占全美文化产业比重的 3.57%，占该州全部产业就业人员比重的 5.04%（见表 3-8）。2001—2019 年华盛顿州的文化产业增加值年均增长率为 5.4%，其中增长最快的是表演艺术业及类似活动、艺术家管理（机构）、捐助和服务提供、室内设计服务。

表 3-8　华盛顿州文化产业的相关数据

年份	地区生产总值 / 亿美元	文化产业增加值 / 亿美元	从业人员		
			全部产业 / 万人	文化产业 / 万人	比重 /%
2019	6129.97	531.96	368.65	18.57	5.04
2018	5754.17	481.61	361.39	17.34	4.80
2017	5277.07	423.42	352.55	16.69	4.73
2016	4936.34	380.25	344.84	15.87	4.60
2015	4717.03	339.83	336.17	14.80	4.40

数据来源：美国商务部经济统计局 https://www.bea.gov/。

第四章　美国文化产业集聚的时空演化分析

第一节　研究方法与主要指标

第三章分析了美国各州文化产业的发展情况，展示了产业增加值和就业量的空间差异，我们发现美国各州文化产业发展的差异巨大，文化产业在空间上存在集聚现象，本章下面针对美国文化产业的空间集聚问题展开分析。

现有文献测度产业发展集聚度的指标有区位商、空间基尼系数、地区集中度、赫芬达尔指数等。基于研究目的和数据的可得性，本章选择采用地区集中度、区位商、赫芬达尔指数来测量美国文化产业的空间集聚水平。与第三章一样，本章使用的数据来自美国经济分析局的艺术和文化统计账户。

一、地区集中度指标

地区集中度是通过测算某行业规模最大的前 n 个地区的比重，衡量某行业的总体产业集聚程度。公式为

$$\mathrm{CR}_n = \left.\sum_{i=1}^{n}\mathrm{cul}_i \middle/ \sum_{i=1}^{N}\mathrm{cul}_i\right. \qquad (4\text{--}1)$$

公式中，CR_n 为文化产业中规模最大的前 n 个地区的规模占全国的比重，cul_i 为 i 地区文化产业的发展指标（如产业增加值、就业量等），N 为地区总数。通常，学者们选择 n 为 4、8、10 等。CR_n 越大，说明该行业在少数几个地区的规模越大，总体集聚度越高。

二、赫芬达尔指数

学者常用赫芬达尔指数 HHI 来分析产业集聚特征，指标测算某产业在某地区发展的相关数值（增加值、就业等）全国占比的平方和。计算公式如式 4-2 所示：

$$HHI = \sum_{i=1}^{n} \left(Cul_i \Big/ \sum cul_i \right)^2 \qquad (4-2)$$

Cul_i 为 i 地区文化产业发展指标（如增加值、就业等），地区总数 n 为 51。HHI 的数值大小由两个因素决定：地区总数 n 和各地区产业规模大小。HHI 的值在 $1/n$ 到 1 之间变化，值越大，说明产业空间分布越不均衡。指数采用平方和的加总，使各州产业规模之间的微小差别可以放大，能更清晰地体现产业总体的空间差异程度，从而弥补了行业集中度指标中较小规模地区发展情况的不足。

三、区位商指标

前两个指标都是分析文化产业在全国的总体集聚水平，那么如何判断文化产业在具体地区的发展优势和重要程度呢？学术界常用区位商指标测度某产业在某地区的集聚程度，判断该产业在某地区是否处于优势地位。区位商的数值越大，说明该地区的产业集聚优势越强。区位商等于 1，说明该产业在该地区的发展水平与该产业在全国的平均发展水平相当。区位商可以基于产业的投入角度，也可以基于产业的产出角度。

基于产业的产出角度的区位商，计算公式如式（4-3）所示：

$$\mathrm{LQVA}_i = \frac{\mathrm{Culva}_i \big/ \sum \mathrm{Culva}_i}{\mathrm{Indva}_i \big/ \sum \mathrm{Indva}_i} \qquad （4-3）$$

LQVA_i 为文化产业在 i 地区的区位商，Culva_i 为 i 地区文化产业增加值，$\sum \mathrm{Culva}_i$ 为文化产业全国总增加值；Indva_i 为 i 地区所有产业的增加值，$\sum \mathrm{Indva}_i$ 为全国所有产业的增加值。

基于产业的投入角度的区位商，计算公式如式（4-4）所示：

$$\mathrm{LQEM}_i = \frac{\mathrm{Culem}_i \big/ \sum \mathrm{Culem}_i}{\mathrm{Indem}_i \big/ \sum \mathrm{Indem}_i} \qquad （4-4）$$

LQEM_i 为文化产业在 i 地区的区位商，Culem_i 为 i 地区文化产业就业人数，$\sum \mathrm{Culem}_i$ 为文化产业全国总就业人数；Indem_i 为 i 地区所有产业的就业人数，$\sum \mathrm{Indem}_i$ 为全国所有产业的就业人数。

第二节　美国文化产业总体集聚水平及其演变

本节使用地区集中度指标和赫芬达尔指数反映美国文化产业总体的空间集聚程度。

一、美国文化产业地区集中度的演变

首先使用地区集中度指数，对 2001—2019 年美国各州文化产业的集聚水平进行测度。分别选取美国各州文化产业增加值前四位、前八位、前十二位的份额加总，计算出 CR_4、CR_8、CR_{12} 并将三组数据用折现图呈现在图 4-1 中。通过分析数据和图表可知，第一，美国各州的三个指标集中度指标都呈明显上升趋势，说明总体上美国文化产业集聚水平不断上升。第二，CR_4 指标 2019 年为 0.50，2001 年为 0.43，集聚度增加了 16.28%。CR_8 指标从 2001 年 0.57 增加到 2019 年的 0.63，增长了 10.53%。CR_{12} 指标从 2001 年的 0.68 增加到 2019 年的 0.73，共增长了 7.35%。这说明美国文化产业规模最大的州增长速度快于规模小的州，从地域空间来看，文化产业总体的集聚力大于扩散力。

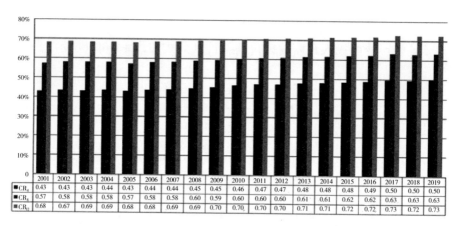

	2001	2002	2003	2004	2005	2006	2007	2008	2009	2010	2011	2012	2013	2014	2015	2016	2017	2018	2019
■CR$_4$	0.43	0.43	0.43	0.44	0.43	0.44	0.44	0.45	0.45	0.46	0.47	0.47	0.48	0.48	0.48	0.49	0.50	0.50	0.50
■CR$_8$	0.57	0.58	0.58	0.58	0.57	0.58	0.58	0.60	0.59	0.60	0.60	0.60	0.61	0.61	0.62	0.62	0.63	0.63	0.63
■CR$_{12}$	0.68	0.67	0.69	0.69	0.68	0.68	0.69	0.69	0.70	0.70	0.70	0.70	0.71	0.71	0.72	0.72	0.73	0.72	0.73

图 4-1　2001—2019 年美国各州文化产业的地区集中度指数

二、美国各州文化产业的地区差异及演变

使用赫芬达尔指数（H 指数），对 2001—2019 年美国各州文化产业的空间差异进行测度。将结果以柱状图展示在图 4-2 中，可以看出赫芬达尔指数总体呈现明显上升趋势，说明美国各州文化产业空间差异在不断加大。

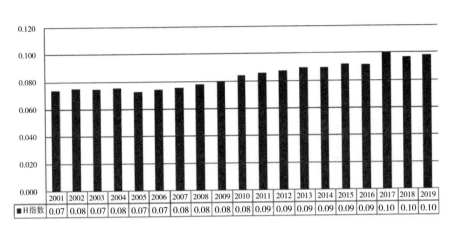

图 4-2 2001—2019 年美国文化产业的赫芬达尔指数

三、美国各州文化产业集聚度的时空演变

（一）美国各州文化产业空间集聚度的现状分析

基于区位商的计算公式（4-3）和公式（4-4），可以得到 2019 年美国各州文化产业基于投入的集聚度和基于产出的集聚度。区位商指标是一个州文化产业占比与全国文化产业占比的比值，如果某个州的区位商较高，则说明该州的文化产业相对于该州的其他产业而言重要程度高于美国文化产业在美国各行业中的地位。那么，某个文化产业增加值较小的州，可能由于该州的其他产业发展更弱，文化产业占比相对较高，从而区位商的值较高。因此，本书再增加两个指标来反映美国各州文化产业的集聚度：第一个是文化产业增加值集聚度，一个州文化产业的增加值与全国文化产业增加值的均值之比，更能直观反映文化产业在该州的发展情况；另一个是文化产业就业量集聚度，由一个州文化产业的就业量与全国文化产业就业量的均值之比来反映。

根据前文的公式和 BEA 的数据，此处计算 2019 年美国各州文化产业集聚度的区位商指标：基于产出的文化产业区位商、基于投入的文化产业区位商，将两个指标的计算结果以地图形式呈现，如图4-3和图4-4所示。文化产业增加值集聚度指标即各州文化产业增加值与全国均值之比，地区分布状况与第三章的图3-5美国各州文化产业增加值的地图展示相似，此处就不再画图。文化产业就业量集聚度指标的地图展示也同样略去。

由图4-3、图4-4可知：第一，2019年美国文化产业基于产出的区位商指数最高的是哥伦比亚特区，为2.04，其次是华盛顿州（2.01）、加利福尼亚州（1.72）、纽约州（1.61）。而文化产业增加值集聚度指标（各州文化产业增加值与全国均值之比）的排序，加利福尼亚州为12.89，处于遥遥领先的地位，其次是纽约州（6.83）、华盛顿州（2.95）、得克萨斯州（2.76）、佛罗里达州（2.12）。对比这两个指标，可以发现加利福尼亚州和纽约州虽然文化产业已经出现了明显的集聚，是美国文化产业的两个极点，但其区位商并不是最高，所以两州文化产业未来仍然有进一步集聚的空间。第二，2019年美国文化产业基于投入的区位商指数最高的仍然是哥伦比亚特区，为2.13，其次是纽约州（1.53）、华盛顿州（1.51）、加利福尼亚州（1.26）、犹他州（1.23）。文化产业就业集聚度指标（各州文化产业就业量与全国均值之比）的排序，加利福尼亚州稳居第一位，为7.64，其次是纽约州（4.94）、得克萨斯州（3.84）、佛罗里达州（2.56）、伊利诺伊州（2.12）。对比这两个指标，可以看出从就业角度，美国文化产业集聚的两个极点——加利福尼亚州和纽约州，区位商指标并非最高，两个极点还有进一步极化的可能。

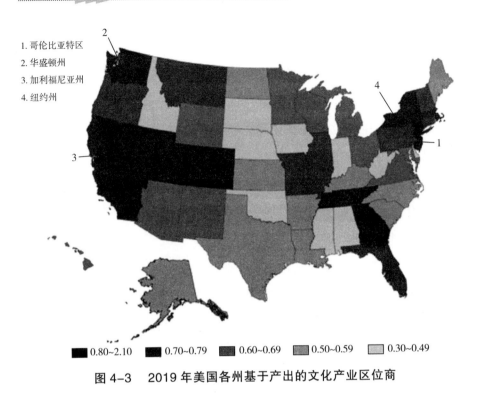

1. 哥伦比亚特区
2. 华盛顿州
3. 加利福尼亚州
4. 纽约州

■ 0.80~2.10　■ 0.70~0.79　■ 0.60~0.69　■ 0.50~0.59　□ 0.30~0.49

图 4-3　2019 年美国各州基于产出的文化产业区位商

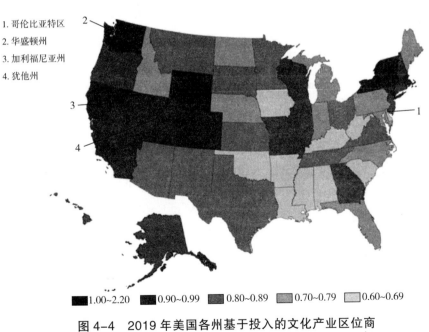

1. 哥伦比亚特区
2. 华盛顿州
3. 加利福尼亚州
4. 犹他州

■ 1.00~2.20　■ 0.90~0.99　■ 0.80~0.89　■ 0.70~0.79　□ 0.60~0.69

图 4-4　2019 年美国各州基于投入的文化产业区位商

（二）美国 5 个文化强州文化产业空间集聚的时空演化分析

根据 2019 年美国各州文化产业集聚度的分析，本书选择 5 个文化产业强州，具体分析美国文化产业集聚的时空演化。每个州都分别计算反映集聚度的 4 个指标：指标 1 为基于产出的文化产业区位商，指标 2 为基于投入的文化产业区位商，指标 3 为文化产业增加值集聚度，指标 4 为文化产业就业量集聚度。

1. 加利福尼亚州

加利福尼亚州是历年美国文化产业增加值最高、就业量最大的州。计算 2001—2019 年加利福尼亚州的 4 个集聚度指标，并将其呈现在折线图中以便清晰看出其变化。如图 4-5 所示，可以看出：第一，加利福尼亚州文化产业的集聚度呈逐年上升趋势，4 个指标的数值都是不断增加的。第二，2001 年加利福尼亚州文化产业增加值集聚度为 10.15，到 2019 年提升为 12.89；从产出角度，美国文化产业发展水平最高的地区是加利福尼亚州。第三，2001 年加利福尼亚州文化产业就业集聚度为 6.70，2019 年增加到 7.64，因此从投入角度来看，加利福尼亚州文化产业吸纳就业的能力在全美也是非常突出。第四，观察基于产出的区位商指标，加利福尼亚州由 2001 年的 1.51 增加到 2019 年的 1.72；基于投入的区位商指标，加利福尼亚州由 2001 年 1.15 提升到 2019 年的 1.26。区位商指标反映在加利福尼亚州内部文化产业占全产业的比重高于全美的程度，两个区位商指数都大于 1，说明加利福尼亚州是经济总量较大且侧重文化产业发展的一个地区。

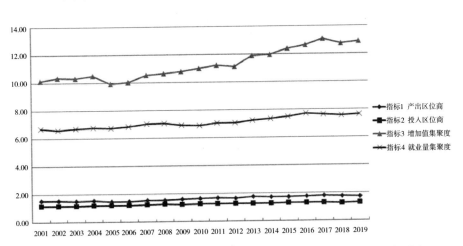

图 4-5　2001—2019 年加利福尼亚州文化产业集聚度的 4 个指标分析

2. 纽约州

纽约州是历年美国文化产业增加值和就业量均排名第二的州。计算 2001—2019 年纽约州的 4 个集聚度指标，并将其呈现在折线图中以便清晰看出其变化。如图 4-6 所示，可以看出：第一，2001—2019 年，纽约州基于产出的文化产业和基于就业的文化产业区位商均大于 1，说明该地区文化产业出现了明显的集聚。2001—2019 年，4 个集聚度指标都有所增加，说明纽约文化产业集聚水平总体上呈缓慢提升态势。第二，纽约州基于产出的文化产业区位商在 2001—2008 年持续上升，数值从 1.48 提高到 1.77。在 2008—2013 年相对平稳，存在小幅波动。2013—2019 年缓慢下降，区位商从 1.79 下降到 1.61。第三，2001—2019 年，纽约州基于投入的文化产业区位商从 2001 年的 1.40 逐渐增加到 2019 年的 1.53。第四，纽约文化产业增加值集聚度从 2001 年的 6.27 增加到 2004 年的 7.46，之后逐渐回落到 2019 年的 6.83。第五，纽约文化产业就业集聚度从 2001 年的 4.57 逐渐提升到 2019 年 4.94。

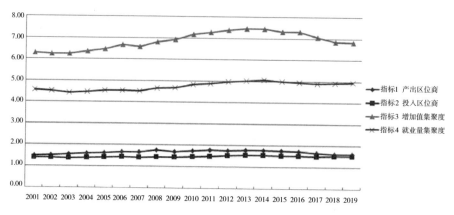

图 4-6　2001—2019 年纽约州文化产业集聚度的 4 个指标分析

3. 得克萨斯州

2001—2018 年得克萨斯州的文化产业增加值都排名全国第三，但 2019 年被华盛顿州超越，得克萨斯州位居第四。计算 2001—2019 年得克萨斯州的 4 个集聚度指标，并将其呈现在折线图中以便清晰看出其变化。如图 4-7 所示，可以看出：第一，得克萨斯州基于产出的文化产业区位商和基于投入的文化产业区位商都小于 1，说明文化产业在得克萨斯州，相对州内其他产业，文化产业并没有占据优势地位。第二，得克萨斯州的文化产业增加值集聚度和就业集聚度都远大于 1，说明文化产业在得克萨斯州的发展规模远高于美国的州平均水平。第三，2001—2019 年，得克萨斯州的文化产业增加值集聚度和基于产出的文化产业区位商都呈下降态势。基于产出的区位商从 2001 年的 0.80 下降到 2019 年的 0.63。第四，得克萨斯州基于投入的文化产业区位商和就业集聚度都呈提升趋势，从 2001 年的 3.08 提升 2019 年的 3.84。第五，综合分析，发现得克萨斯州文化产业存在向劳动密集型细分产业发展的趋势。

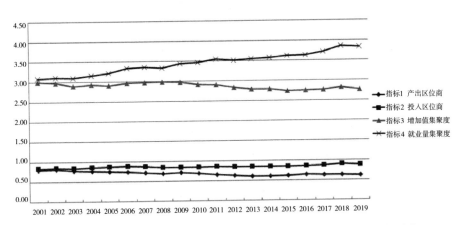

图4-7　2001—2019年得克萨斯州文化产业集聚度的4个指标分析

4.华盛顿州

2013—2018年，华盛顿州的文化产业增加值都位居全美第四位。计算2001—2019年华盛顿州的4个集聚度指标，并将其呈现在折线图中以便清晰看出其变化。如图4-8所示，可以看出：第一，华盛顿州基于产出的文化产业区位商和基于投入的文化产业区位商都大于1，说明文化产业在华盛顿州存在集聚现象，相对州内其他产业，文化产业占据优势地位。第二，华盛顿州的文化产业增加值集聚度和就业集聚度都远大于1，说明文化产业在华盛顿州发展规模高于美国的州平均水平。第三，2001—2019年，华盛顿州的4个集聚度指标都有增加，说明文化产业在华盛顿州的集聚水平不断提升。第四，2001—2019年，华盛顿州的文化产业增加值集聚度提升迅速，从2001年的1.63增加到2019年的2.95，说明该州文化产业发展速度快于全美文化产业的平均速度，产出的提升较快。

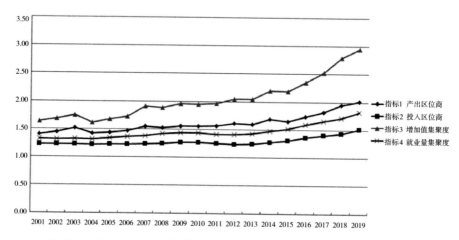

图 4-8　2001—2019 年华盛顿州文化产业集聚度的 4 个指标分析

5. 佛罗里达州

2001—2012 年，佛罗里达州的文化产业增加值在全美排名第四，之后被华盛顿州超越，2013—2019 年佛罗里达州均排名第五。计算 2001—2019 年佛罗里达州的 4 个集聚度指标，并将其呈现在折线图中以便清晰看出其变化。如图 4-9 所示，可以看出：第一，与得克萨斯州相似，佛罗里达州基于产出的文化产业区位商和基于投入的文化产业区位商都小于 1，说明文化产业在该州的贡献度比美国的平均水平要低。第二，佛罗里达州的文化产业增加值集聚度和就业集聚度高于 1，说明该州文化产业的发展水平高于全国平均水平。第三，2001—2019 年，两个区位商指标都呈微小下降趋势。第四，2001—2019 年，佛罗里达州的文化产业增加值集聚度呈先增后降态势，从 2001 年的 2.34 提升到 2005 年的 2.58，然后下降到 2019 年的 2.12。第五，2001—2019 年，佛罗里达州的文化产业就业集聚度呈波动态势，2001 年集聚度为 2.54，2019 年集聚度为 2.56，总体波动幅度不大。

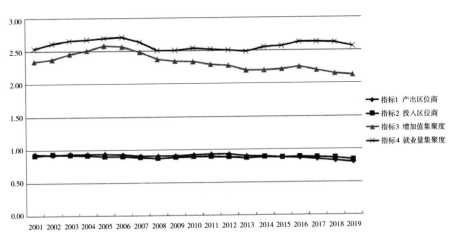

图4-9 2001—2019年佛罗里达州文化产业集聚度的4个指标分析

第三节 美国细分文化行业空间集聚
水平的时空演变

根据美国经济分析局（BEA）的艺术和文化（ACPSA）统计账户，美国文化产业分为核心文化产业、支持文化产业和其他文化产业三大类，前两类产业又分为若干细分文化行业。朱江丽（2017）选取了美国的工艺品、视听产品、设计类、新媒体、表演艺术、出版物和视觉艺术这7个文化细分行业分析出口竞争优势。本节结合ACPSA和NAICS的行业分类说明，选取5个细分行业进行分析，分别是表演业、广告业、出版业、电影业和广播业。其中，表演业和广告业属于核心文化产业；出版业、电影业和广播业属于支持文化产业。具体行业精确分类的细分行业说明见表4-1。

表 4-1　美国五个代表性细分文化行业的具体说明

行业	Industry	包含低一层级的细分部门
表演业	Performing Arts	艺术表演公司；独立艺术家、作家和演员；艺术表演及类似活动的推广组织；艺术家的代理人或经理人
广告业	Advertising	广告机构、共同关系机构、媒体购买机构、展示广告、直邮广告、媒体代表、其他广告服务
出版业	Publishing	报纸出版商、期刊出版商、图书出版商、贺卡出版商、软件出版商、其他出版商
电影业	Motion Picture	电影和视频制作与销售、电影院、远程制作和后期制作、其他电影和视频业
广播业	Broadcasting	无线网络、广播电台、电视广播、有线电视节目、有线电信运营商、有线及其他节目发行

　　下面就美国核心文化产业、支持文化产业以及 5 个细分行业，表演业、广告业、出版业、电影业和广播业的集聚度时空演变进行深入分析。首先，利用赫芬达尔指数计算该行业的总体空间集聚水平；其次，用区位商指数计算各州该行业的集聚度，并用地图形式展示。

一、美国核心文化产业空间集聚水平的时空演变

（一）美国核心文化产业的地区差异及演变

　　2001—2019 年，每隔 6 年计算一次美国各州核心文化产业的赫芬达尔指数（以下简称 H 指数），将 2001 年、2007 年、2013 年和 2019 年的 H 指数结果列入表 4-2。可知，美国核心文化产业的地区差异逐渐拉大、空间集聚水平呈现不断上升态势。

表4-2　美国在2001年、2007年、2013年和2019年核心文化产业的空间集聚度指数

年份	2001年	2007年	2013年	2019年
H指数	0.094	0.101	0.114	0.122

（二）美国各州核心文化产业空间集聚度的演变

计算2001年美国各州核心文化产业基于产出的区位商，并用地图形式呈现，如图4-10所示。将2019年美国各州核心文化产业基于产出的区位商数值呈现在图4-11上。综合分析两个图，可以发现：第一，2001年美国核心文化产业集聚度最高的是哥伦比亚特区，区位商位为2.044，其次是纽约州（1.855），加利福尼亚州（1.773）位居第三。第二，2019年美国核心文化产业集聚度最高的是哥伦比亚特区，集聚度为2.474，第二是纽约州（2.024），第三是加利福尼亚州（1.927）。第三，2001年和2019年核心文化产业集聚度最高的三个州没有变化，但它们的区位商都提高了，说明美国核心文化产业在不断向实力强劲的州集聚。

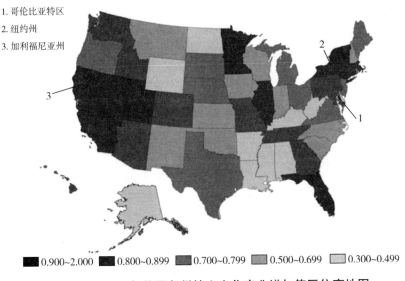

1. 哥伦比亚特区
2. 纽约州
3. 加利福尼亚州

■ 0.900~2.000　■ 0.800~0.899　■ 0.700~0.799　■ 0.500~0.699　□ 0.300~0.499

图4-10　2001年美国各州核心文化产业增加值区位商地图

1. 哥伦比亚特区
2. 纽约州
3. 加利福尼亚州

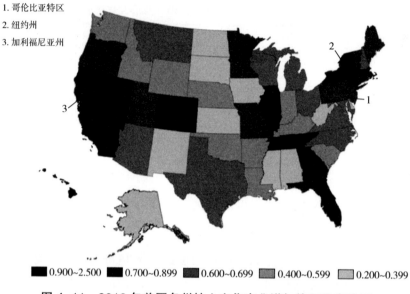

| ■ 0.900~2.500 | ■ 0.700~0.899 | ■ 0.600~0.699 | ■ 0.400~0.599 | □ 0.200~0.399 |

图4-11　2019年美国各州核心文化产业增加值区位商地图

二、美国支持文化的产业空间集聚水平的时空演变

（一）美国支持文化产业的地区差异及演变

2001—2019年，每隔6年计算一次美国各州支持文化产业的赫芬达尔指数（简称H指数），将2001年、2007年、2013年和2019年的H指数结果列入表4-3。可知，美国支持文化产业的地区差异逐渐拉大、空间集聚水平呈现不断上升态势。

表4-3　美国在2001年、2007年、2013年和2019年支持文化产业的空间集聚度指数

年份	2001年	2007年	2013年	2019年
H指数	0.070	0.073	0.088	0.095

（二）美国各州支持文化产业空间集聚度的演变

计算2001年美国各州支持文化产业基于产出的区位商，并用地图

形式呈现，如图 4-12 所示。将 2019 年美国各州支持文化产业基于产出的区位商数值呈现在图 4-13 上。综合分析两个图，可以发现：第一，2001 年美国支持文化产业的区位商最大的州是哥伦比亚特区，指数为 2.457，存在非常显著的集聚现象，其次是华盛顿州（1.585），第三是加利福尼亚州（1.47）。第二，2019 年美国支持文化产业的区位商最大的州是华盛顿州，指数为 2.473，其次是哥伦比亚特区（1.961），第三是加利福尼亚州（1.689）。第三，美国支持文化产业集聚度的变化大于核心文化产业，支持文化产业向华盛顿州迅速集聚，哥伦比亚地区的区位商下降较多，加利福尼亚州的支持文化产业集聚度小幅提升。

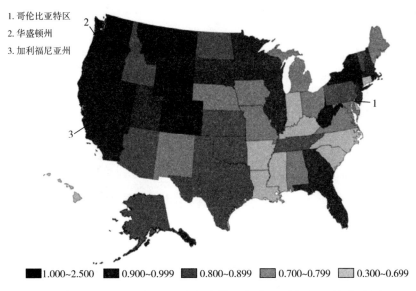

1. 哥伦比亚特区
2. 华盛顿州
3. 加利福尼亚州

■ 1.000~2.500 ■ 0.900~0.999 ■ 0.800~0.899 ■ 0.700~0.799 □ 0.300~0.699

图 4-12 2001 年美国各州支持文化产业增加值区位商地图

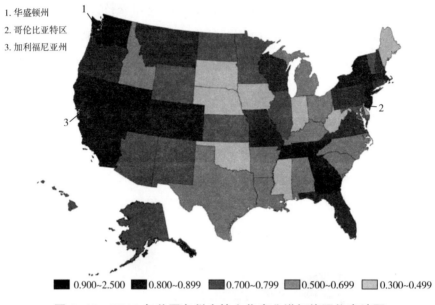

1. 华盛顿州
2. 哥伦比亚特区
3. 加利福尼亚州

■ 0.900~2.500 ■ 0.800~0.899 ■ 0.700~0.799 ■ 0.500~0.699 □ 0.300~0.499

图 4-13　2019 年美国各州支持文化产业增加值区位商地图

三、美国广播业的空间集聚水平的时空演变

2019 年，美国广播业的增加值占文化产业的比重为 16.40%，是美国同层级文化细分行业中贡献率最大的行业，也是发展水平位居全球领先地位的行业。下面具体分析美国广播业的空间集聚水平的时空演变。

（一）美国各州广播业的地区差异及演变

2001—2019 年，每隔 6 年计算一次美国各州广播业的赫芬达尔指数（简称 H 指数），将 2001 年、2007 年、2013 年和 2019 年的 H 指数结果列入表 4-4。可知，美国广播业的地区差异并不大，且相对稳定，H 指数一直处于 0.05 左右。

表 4-4　美国广播业的空间集聚度的指数

年份	2001 年	2007 年	2013 年	2019 年
H 指数	0.054	0.053	0.064	0.056

（二）美国各州广播业空间集聚度的演变

计算 2001 年美国各州广播业基于产出的区位商，并用地图形式呈现，如图 4-14 所示。将 2019 年美国各州广播业基于产出的区位商数值呈现在图 4-15 上。综合分析两个图，可以发现：第一，2001 年美国广播业集聚度最高的州为科罗拉多州，区位商为 2.287，其次是佐治亚州（1.663），排名第三的是堪萨斯州（1.492）。第二，2019 年美国广播业集聚度最高的州为佐治亚州，区位商为 2.308，其次是哥伦比亚特区（1.841），排名第三的是纽约州（1.601）。第三，近年来，美国的广播业向佐治亚州集聚，科罗拉多州的广播业集聚度下降较多，堪萨斯州的广播业集聚度也有小幅下降。

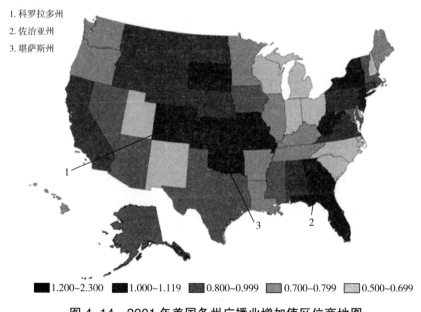

1. 科罗拉多州
2. 佐治亚州
3. 堪萨斯州

■ 1.200~2.300　■ 1.000~1.119　■ 0.800~0.999　■ 0.700~0.799　□ 0.500~0.699

图 4-14　2001 年美国各州广播业增加值区位商地图

1. 佐治亚州
2. 哥伦比亚特区
3. 纽约州

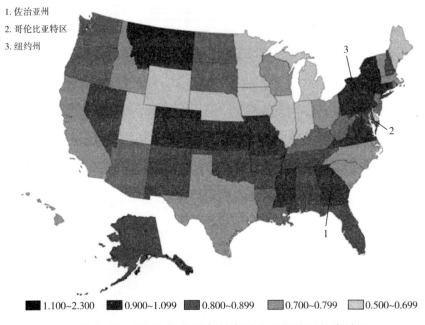

■ 1.100~2.300　■ 0.900~1.099　■ 0.800~0.899　■ 0.700~0.799　□ 0.500~0.699

图4-15　2019年美国各州广播业增加值区位商地图

四、美国出版业的空间集聚水平的时空演变

2019年，美国出版业的增加值占文化产业的比重为12.56%，也是美国规模较大、发展较好的文化细分行业。下文分析美国出版业的空间集聚水平的时空演变。

（一）美国各州出版业的地区差异及演变

2001—2019年，每隔6年计算一次美国各州出版业的赫芬达尔指数（简称H指数），将2001年、2007年、2013年和2019年的H指数结果列入表4-5。可知，美国出版业的地区差异逐渐拉大、空间集聚水平呈现不断上升态势。

表 4-5　美国出版业的空间集聚度的指数

年份	2001 年	2007 年	2013 年	2019 年
H 指数	0.072	0.071	0.080	0.104

（二）美国各州出版业空间集聚度的演变

计算 2001 年美国各州出版业基于产出的区位商，并用地图形式呈现，如图 4-16 所示。将 2019 年美国各州出版业基于产出的区位商数值呈现在图 4-17 上。综合分析两个图，可以发现：第一，2001 年美国出版业空间集聚度最高的州是华盛顿州，区位商为 5.77，该州出版业对该州经济的贡献远高于全美平均水平，出版业集聚度非常高。哥伦比亚特区和马萨诸塞州的出版业区位商都是 2.093，处于较高水平。第二，2019 年华盛顿州的出版业集聚度进一步提升，区位商为 6.271，马萨诸塞州的出版业区位商也提高到 2.324，犹他州的出版业区位商排名第三，为 1.678。第三，美国出版业在空间上存在一个强极点，就是华盛顿州，目前该州出版业的聚集效应大于扩散效应。

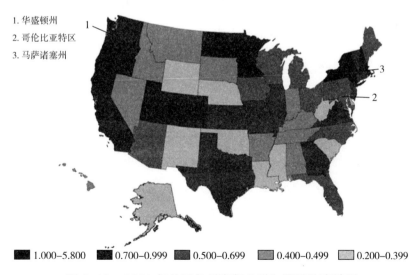

图 4-16　2001 年美国各州出版业增加值区位商地图

1. 华盛顿州

2. 马萨诸塞州

3. 犹他州

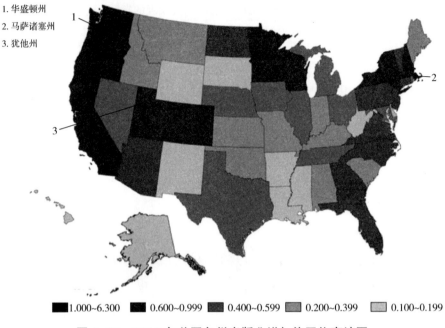

■ 1.000~6.300 ■ 0.600~0.999 ■ 0.400~0.599 ■ 0.200~0.399 □ 0.100~0.199

图4-17   2019年美国各州出版业增加值区位商地图

五、美国电影业的空间集聚水平的时空演变

2019年，美国电影业的增加值占文化产业的比重为8.09%，也是美国规模较大、发展水平位居全球领先地位的文化细分行业。下文分析美国电影业的空间集聚水平的时空演变。

（一）美国各州电影业的地区差异及演变

2001—2019年，每隔6年计算一次美国各州电影业的赫芬达尔指数（简称H指数），将2001年、2007年、2013年和2019年的H指数结果列入表4-6。可知，第一，美国电影业的地区差异较大，存在明显的空间集聚现象，各年的H指数都为0.30以上。第二，美国电影业的区域差距在逐渐减小、空间集聚水平呈现小幅下降态势。

表 4-6 美国电影业的空间集聚度的指数

年份	2001 年	2007 年	2013 年	2019 年
H 指数	0.384	0.332	0.333	0.315

（二）美国各州电影业空间集聚度的演变

计算 2001 年美国各州电影业基于产出的区位商，并用地图形式呈现，如图 4-18 所示。将 2019 年美国各州电影业基于产出的区位商数值呈现在图 4-19 上。综合分析两个图，可以发现：第一，2001 年美国电影业集聚度最高的州为加利福尼亚州，区位商为 4.462，该州的电影业对经济的贡献度远高于全美平均水平。其次是纽约州，区位商为 2.253，该州的电影业发展也较好。排名第三的是科罗拉多州（1.434）。第二，2019 年集聚度最高的州仍然是加利福尼亚州，但区位商下降到 3.499。其次是纽约州，区位商小幅提升到 2.58。排名第三的是佐治亚州，区位商为 1.301，比 2001 年的 0.283 出现了显著提升。

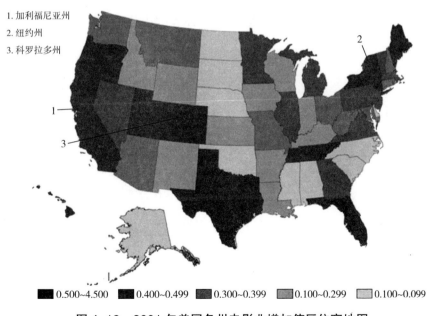

1. 加利福尼亚州
2. 纽约州
3. 科罗拉多州

0.500~4.500 　0.400~0.499 　0.300~0.399 　0.100~0.299 　0.100~0.099

图 4-18 2001 年美国各州电影业增加值区位商地图

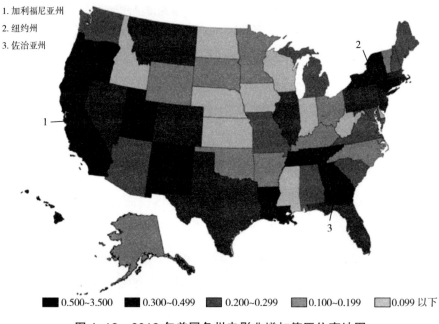

1. 加利福尼亚州
2. 纽约州
3. 佐治亚州

■ 0.500~3.500 ■ 0.300~0.499 ■ 0.200~0.299 ■ 0.100~0.199 □ 0.099 以下

图 4-19   2019 年美国各州电影业增加值区位商地图

六、美国艺术表演业的空间集聚水平的时空演变

2019 年，美国艺术表演业的增加值占文化产业的比重为 8.29%，是对经济贡献率较大的文化细分行业。美国艺术表演业包含 4 个部分：艺术表演公司，独立艺术家、作家和演员，艺术表演及类似活动的推广组织，艺术家的代理人或经理人。其中，规模最大的是独立艺术家、作家和演员，占文化产业增加值的比重为 4.50%，而且该部门 2001 年以来发展迅速，其增加值从 2001 年的 2021.40 万美元增长到 2019 年的 3877.40 万美元，占文化产业总体增加值的比重从 3.70% 上升到 4.50%。艺术表演公司的发展相对缓慢，增加值从 2001 年的 1171.50 万美元增加到 2019 年的 1383.90 万美元，由于美国文化产业总体增长快于艺术表演公司，所以其占比从 2001 年 2.14% 下降到 1.60%。下面就重点分析这两个细分行业的空间集聚演变情况。

（一）美国各州艺术表演业的地区差异及演变

2001—2019 年，每隔 6 年计算一次美国各州艺术表演业总体的赫芬达尔指数（简称 H 指数），将 2001 年、2007 年、2013 年和 2019 年的 H 指数结果列入表 4-7。可知，第一，美国各州艺术表演业的地区差异较大，存在明显的空间集聚现象，各年的 H 指数均在 0.20 左右。第二，美国各州艺术表演业的区域差距在继续增大，空间集聚水平呈现小幅提升态势。

表 4-7　美国艺术表演业的空间集聚度的指数

年份	2001 年	2007 年	2013 年	2019 年
H 指数	0.199	0.214	0.212	0.226

（二）美国各州独立艺术家、作家和演员的空间集聚度的演变

计算 2001 年美国各州独立艺术家、作家和演员基于产出的区位商，并用地图形式呈现，如图 4-20 所示。将 2019 年美国各州独立艺术家、作家和演员基于产出的区位商数值呈现在图 4-21 上。综合分析两个图，可以发现：第一，2001 年美国独立艺术家、作家和演员集聚度最高的州为加利福尼亚州，区位商为 4.568，加利福尼亚州电影业的集聚度是全美最高的，这两个文化行业是紧密相关的。爱达荷州（3.221）是美国独立艺术家、作家和演员集聚度排名第二的州，排名第三的是纽约州（1.611）。第二，2019 年，集聚度最高的依然是加利福尼亚州，但区位商小幅下降到 4.034。排名第二的是纽约州，从 2001 年的 1.611 小幅提升到 1.719。排名第三的是内华达州，从 2001 年的 1.004 提升到 1.509。

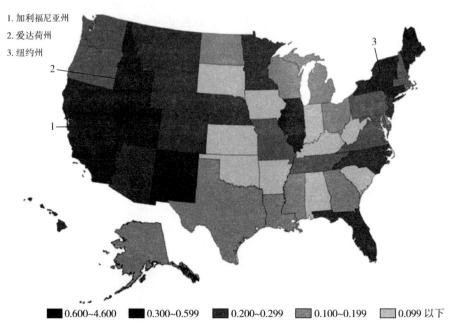

1. 加利福尼亚州
2. 爱达荷州
3. 纽约州

■ 0.600~4.600 ■ 0.300~0.599 ■ 0.200~0.299 ■ 0.100~0.199 □ 0.099 以下

图 4-20　2001 年美国独立艺术家、作家和演员的增加值区位商地图

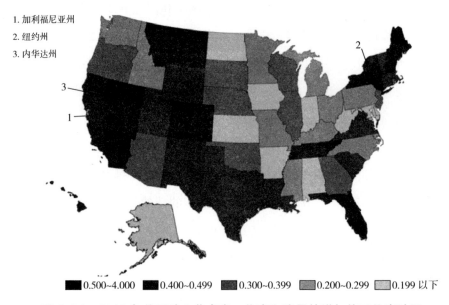

1. 加利福尼亚州
2. 纽约州
3. 内华达州

■ 0.500~4.000 ■ 0.400~0.499 ■ 0.300~0.399 ■ 0.200~0.299 □ 0.199 以下

图 4-21　2019 年美国独立艺术家、作家和演员的增加值区位商地图

（三）美国各州艺术表演公司的空间集聚度的演变

计算 2001 年美国各州艺术表演公司基于产出的区位商，并用地图形式呈现，如图 4-22 所示。将 2019 年美国各州艺术表演公司基于产出的区位商数值呈现在图 4-23 上。综合分析两个图，可以发现：第一，2001 年美国艺术表演公司的集聚度最高的州为内华达州，区位商为 3.327，该州的独立艺术家、作家和演员的集聚度也较高，艺术表演业在该州集聚。排名第二的是纽约州（2.682），其次是田纳西州（2.147）。第二，2019 年美国艺术表演公司集聚度最高的州仍然为内华达州，区位商增加到 4.864，说明该州的艺术表演公司集聚程度继续增强。排名第二的是田纳西州（3.406），相比 2001 年 2.147 的区位商也有显著提高。排名第三的是纽约州（2.631），其集聚度有微小下降。

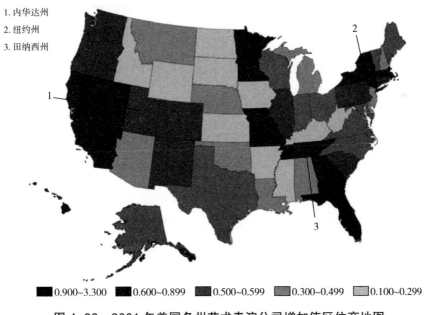

1. 内华达州
2. 纽约州
3. 田纳西州

■ 0.900~3.300 ■ 0.600~0.899 ■ 0.500~0.599 ■ 0.300~0.499 □ 0.100~0.299

图 4-22 2001 年美国各州艺术表演公司增加值区位商地图

1. 内华达州
2. 田纳西州
3. 纽约州

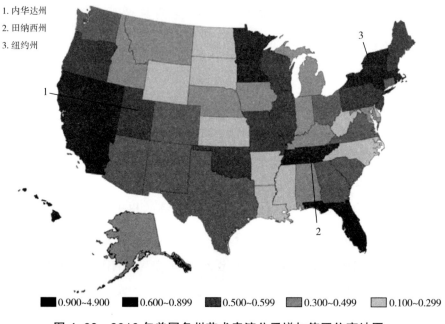

■ 0.900~4.900 ■ 0.600~0.899 ■ 0.500~0.599 ■ 0.300~0.499 □ 0.100~0.299

图 4-23　2019 年美国各州艺术表演公司增加值区位商地图

七、美国广告业的空间集聚水平的时空演变

2019 年，美国广告业的增加值占文化产业的比重为 3.92%，广告业也是美国规模较大、发展较好的文化细分行业。下面分析美国广告业空间集聚水平的时空演变。

（一）美国广告业的地区差异及演变

2001—2019 年，每隔 6 年计算一次美国各州广告业的赫芬达尔指数（简称 H 指数），将 2001 年、2007 年、2013 年和 2019 年的 H 指数结果列入表 4-8。可知，第一，美国广告业的地区差异相对较小，各年的 H 指数都在 0.10 以下。第二，美国广告业的区域差距在逐渐增大、空间集聚水平呈现小幅提升态势。

表 4-8　美国在 2001 年、2007 年、2013 年和 2019 年广告业的空间集聚度指数

年份	2001 年	2007 年	2013 年	2019 年
H 指数	0.085	0.082	0.097	0.099

（二）美国各州广告业空间集聚度的演变

计算 2001 年美国各州广告业基于产出的区位商，并用地图形式呈现，如图 4-24 所示。将 2019 年美国各州广告业基于产出的区位商数值呈现在图 4-25 上。综合分析两个图，可以发现：第一，2001 年美国广告业集聚度最高的州为哥伦比亚特区，区位商为 3.126，其次是纽约州（2.488），排名第三的是伊利诺伊州（1.495）。第二，2019 年美国广告业的集聚度最高的州仍然为哥伦比亚特区，区位商为 4.761，呈现显著提高，广告业进一步向该州集聚，该州的广告业对该州经济的贡献率比全美平均水平更高了。排名第二的是纽约州，区位商为 2.901，比 2001 年也有所提升。排名第三的还是伊利诺伊州（1.68），也存在小幅提升。第三，美国广告业存在向实力强劲的州进一步集聚的现象。

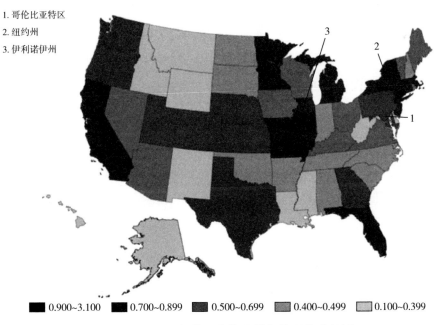

1. 哥伦比亚特区
2. 纽约州
3. 伊利诺伊州

0.900~3.100　0.700~0.899　0.500~0.699　0.400~0.499　0.100~0.399

图 4-24　2001 年美国广告业增加值区位商地图

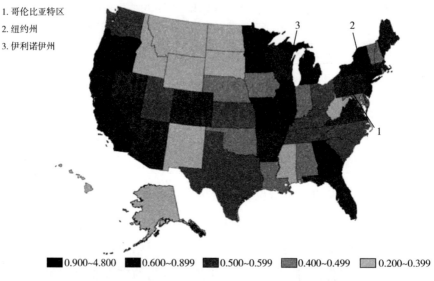

1. 哥伦比亚特区
2. 纽约州
3. 伊利诺伊州

■0.900~4.800 ■0.600~0.899 ■0.500~0.599 ■0.400~0.499 □0.200~0.399

图4-25　2019年美国广告业增加值区位商地图

八、总结

　　美国电影业的地区集聚度最高，2019年赫芬达尔指数为0.315，但电影业近年来的空间差距有缩小趋势，2001年赫芬达尔指数为0.384。美国出版业的集聚程度也在提升，2019年美国出版业的赫芬达尔指数为0.104。美国广播业的赫芬达尔指数一直在0.05左右，集聚程度较低。美国核心文化产业的空间集聚程度高于支持文化产业，两大类产业总体上空间集聚程度在不断上升。

第四节　美国文化产业集聚的时空演化预测

由前文的分析可知，美国文化产业总体的空间集聚程度是不断增强的，那么未来十年美国文化产业集聚度会怎样变化，本节利用计量经济学的模型进行实际预测。

一、预测方法

建立计量模型不仅可以进行参数估计和假设检验，还可以针对时间序列数据进行预测，即给定解释变量 x 的未来取值，预测被解释变量 y 的取值。假设计量经济模型如式（4-5）所示

$$y=x\beta+\varepsilon \tag{4-5}$$

解释变量 x 为时间，被解释变量 y 是美国文化产业的空间集聚度。基于已知数据对计量模型进行参数估算，则可以得到 β 的数值，进而可以估算未来美国文化产业的空间集聚度。

二、预测结果

（一）美国文化产业地区差异的演化预测

美国各州文化产业总体增加值的赫芬达尔指数作为被解释变量 y，基于前文计算得到的 2001—2019 年的数据，进行计量回归分析，回归结果如表 4-9 所示。调整后的 R 值为 0.92，解释变量的回归系数非常显著，模型的解释力也较强。画出模型的散点图和回归直线，如图 4-26 所示，可以直观地看出回归结果的拟合效果较好。

表 4-9   美国文化产业地区差异的回归结果

解释变量	回归系数	标准误	T 值	P 值
x	0.0015711	0.0001105	14.22	0.000
_cons	−3.074038	0.2220738	−13.84	0.000

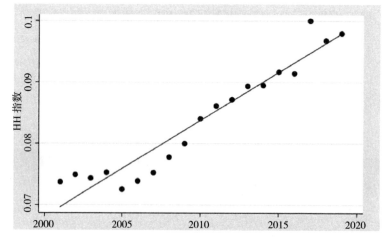

图 4-26   美国文化产业地区差异的散点图和回归直线

利用回归结果对未来 10 年美国文化产业地区集聚度进行预测，结果见表 4-10。通过分析结果可知，未来美国文化产业差异将以每年增加 0.0016 的速度提升，到 2029 年，美国的文化产业集聚度将比 2019 年的 0.10 增加 0.016，增长 16%，美国文化产业的地区差距将持续拉大。

表 4-10   未来 10 年美国文化产业地区差异演化预测结果

年份	赫芬达尔指数	年份	赫芬达尔指数
2020	0.0996	2025	0.1074
2021	0.1012	2026	0.1090
2022	0.1027	2027	0.1106
2023	0.1043	2028	0.1122
2024	0.1059	2029	0.1137

（二）美国文化产业地区集中度的演化预测

被解释变量 y 用美国文化产业的地区集中度指数表示，前文已经计算 CR_4、CR_8 和 CR_{12} 的数值，由图 4-1 可知，三个指数呈现相似的缓慢上升趋势，因此，本部分仅以 CR_8 为例，对美国文化产业地区集中度进行演化预测。计量回归结果如表 4-11 所示。调整后的 R 值为 0.96，解释变量的回归系数非常显著，模型的解释力也很强。画出模型的散点图和回归直线，如图 4-27 所示，可以直观地看出回归结果的拟合效果较好。

表 4-11　美国文化产业地区集中度的回归结果

解释变量	回归系数	标准误	T 值	P 值
x	0.0036667	0.000187	19.61	0.000
_cons	−6.769317	0.3758286	−18.01	0.000

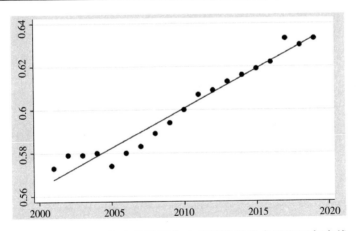

图 4-27　美国文化产业地区集中度指数的散点图和回归直线

利用回归结果对未来 10 年美国文化产业地区集中度进行预测，结果见表 4-12。通过分析结果可知，未来美国文化产业集中度将以每年增加 0.0037 的速度提升，到 2029 年美国的文化产业地区集中度将比

2019 年的 0.63 增加 0.037，增长 5.87%。

表 4-12　未来 10 年美国文化产业地区集中度演化预测结果

年份	赫芬达尔指数	年份	赫芬达尔指数
2020	0.6374	2025	0.6558
2021	0.6411	2026	0.6594
2022	0.6448	2027	0.6631
2023	0.6484	2028	0.6668
2024	0.6521	2029	0.6704

第五章 以美国经验为借鉴，大力发展中国的文化产业

第一节 美国文化产业发展经验借鉴

一、美国促进文化产业发展的政策措施

据数据显示，美国作为文化产业最为发达的国家，2019 年其文化及相关产业对 GDP 的贡献为 4.32%[①]。美国的文化产业竞争力非常强（国际竞争力指数为 71.44，排名世界第一[②]），是世界上文化产品出口强国之一。文化产业是美国第二大支柱产业，仅次于航天军工行业[③]。21 世纪初，美国前 400 家最富有的企业中有 72 家是文化企业，占比 17.5%[④]。纵观美国文化产业发展的原因，可以从文化产业的立法、文化政策的引导、文化人才的培养和引进、文化投融资的运作等方面进行探讨。

[①] 数据来源：美国商务部经济分析局（https://www.bea.gov/）。

[②] 李浩然. 美国文化产业的发展经验及其启示 [J]. 人民论坛，2020（3）：140-141.

[③] 陈辉吾. 中国特色社会主义文化发展道路研究 [M]. 武汉：武汉大学出版社，2017：119.

[④] 章铮，张大生，王小宽. 中华人民共和国经济发展全记录·第 5 卷 [M]. 北京：中国社会出版社，2010：1903.

（一）立法规范文化产业的发展

美国是市场化程度最高的国家，其在经济管理领域奉行"自由主义"的思想，因此政府对市场运行进行直接管理的情况并不多，在文化产业方面亦是如此。美国并未设立专门的文化管理部门，发展文化产业主要靠法律的规范作用，将商业及法律意义上的文化产业定义为"版权产业"，说明美国政府高度重视文化产业。美国是世界上最早开展文化立法的国家，其对文化产业的立法体现在历史文化遗迹的保护与开发、文化产业的投融资支持、文化交流和文化贸易、文化输出、知识产权的保护以及文化外交等方面。文化产业的立法是美国文化产业得以发展、实现繁荣的根基。

1. 历史文化遗址的保护与开发方面的立法

尽管美国的历史较短，但美国政府十分注重对历史文化遗迹的保护。1906 年颁布的《古迹法》是美国历史上第一次以立法形式明确政府在历史文化遗址保护方面的职责。此后，国会先后通过的《历史遗址与建筑法》（1935 年）、《国家历史遗产保护法》（1966 年）等法律，与《古迹法》一道构成了美国保护历史文化遗址的法律法规体系。

2. 支持文化产业投融资的立法

文化的繁荣离不开国家对文化产业投融资的支持，美国政府对文化产业的投入通过公益性的文化艺术机构实施。依据《国家艺术与文化发展法案》（1964 年）和《国家艺术与人文基金会法案》（1965 年），美国先后成立了两大文化艺术投融资机构——国家艺术基金会和国家人文基金会，分别是美国历史首个致力于艺术与人文事业发展的机构，赞助与公众文化生活关系密切的文化机构和艺术种类等。依据《博物馆服务法案》和《博物馆和图书馆服务法案》（最早通过于 1996 年）和《公共广播法》（1967 年）设立了博物馆图书馆服务署、公共广播公司等联邦公共文化服务机构，通过"较为适中的方式"为博物馆、图书馆、公共广播事业的发展提供财政资金，帮助其提升服务能力。《国内税收法》（1939年）的501（C）条款对非营利性文化艺术机构给予税收以及财政支出上的优惠政策。此外，美国总统也通过签署临时法令支持非营利性文化事业的投融资活动，如奥巴马政府在2014年的财政预算中增加了艺术项拨款，为国家艺术基金会和国家人文基金会分别拨款1.545亿美元，同时向史密森学会拨款8.68亿美元。史密森学会将有5500万美元用于历史与文化及博物馆建设。

3. 文化输出方面的立法

美国在文化产品对外贸易方面没有专门的法律和法规，推动文化产品的贸易政策措施体现在国家整体战略中，与政治政策、外交政策乃至军事政策相呼应。直接影响美国文化及文化产品对外输出的法律法规主要有三部：其一是1948年通过的《史密斯—曼特法案》，美国第一次以立法的形式确认政府在增进与他国文化教育交流中的作用，该法案授权国会启动"国际访问者计划"，推动美国与其他国家的文化交流。其二是1956年颁布的《国际文化交流和贸易会展法》，确立了文化外交在美国公共外交领域的地位和作用，该法案授权美国国会支持美国参加国际性的文化艺术节、商业性的文化展会等活动，以传播美国文化和展示美国形象。其三是1961年出台的《富布莱特—海斯法》，旨在与其他国家的学生和教育工作者通过文化交流，相互理解，促进国家间的相互了解。

4. 知识产权保护方面的立法

在支持文化产品输出的同时，美国也注重采取措施保护日益发展的文化产业。在《美利坚合众国宪法》（通称美国联邦宪法）第一修正案"言论自由"的条款中，规定了充分保障艺术创作的自由。1790

年美国颁布的联邦《版权法》（美国版权法）是美国第一部保护知识产权的法律，起初只是对图书、地图、插图等"书面作品"予以版权保护。此后，才延及保护音乐作品、戏剧作品和摄影创造等艺术作品的权益，分别于 1831 年、1856 年和 1865 年对《版权法》做了修订。1976 年的修订使版权制度对文化产业的保护作用不断加强。以美国联邦《版权法》为基础，美国又先后出台了《半导体芯片保护法》（1984 年）、《计算机欺诈和滥用法》（该法于 1984 年制定，1986 年和 1994 年修订）、《数字千年版权法》（1998 年）等，多部保护知识产权的法案组成了较为规范的知识产权法律体系。

（二）政策引导文化产业的发展

尽管美国没有出台系统性的文化产业的支持政策，但综合来看其支持政策融入了政治、经济、社会、外交和军事等领域。政府对文化产业的政策秉持"有所为"和"有所不为"的做法，对于那些在市场经济中缺乏生存能力的非营利性文化机构和文化产品，美国政府坚持"有所为"的理念，给予大力扶持；对于那些在市场经济中有较强生存能力的营利性文化产业和文化产品，美国政府持"有所不为"的自由主义态度。具体来看，美国文化产业政策扶持包括如下几个方面。

1. 资金支持政策

文化产业有营利性和非营利性之分，美国政府对文化产业的支持，主要集中在非营利性文化事业（如博物馆、图书馆等）。联邦政府设有专用款项，定期拨付给非营利性文化艺术机构（如国家艺术基金会、国家人文基金会等），由后者资助非营利性的文化单位和文化产品等。地方政府按照"资金匹配"的要求，拿出财政资金来赞助和支持文化事业，通过发行市政债券的方式直接对文化产业的发展提供融资支持。政府对助资发展文化产业的私人或企业给予减免税收（免交所得税或免交财产税）的优惠措施，鼓励社会资金流向文化产业领域，这使支持美国文化产业发展的资金有近半数是来自个人、企业和基金会的捐助，反观公共部门包括各级政府提供的预算资金仅占10%左右；政府也对非营利性文化机构免征所得税。此外，政府对有营利能力的文化企业的信贷融资提供信用担保、债券发行提供信用支持，间接支持其文化产业的投融资活动。

2．人才支持政策

文化产业是知识密集型的新兴产业，文化产业发展的根本在于人才的培养与吸收。美国的文化产业人才来自两个部分：国内高校的培养和吸引外来优秀人才。当前，美国已经建立起完善的人才培养体系，全美有40多所高等院校开设了与之产业相关的专业，像哥伦比亚大学、康奈尔大学、麻省理工学院、南加州大学等知名学校开设了全美一流的动漫、游戏设计等相关专业，为适应不同行业的实际需求构建以本科、硕士和博士等多层次的人才培养体系，培养了一大批文化人才队伍。除了国内高校的人才培养，美国还大力引进海外优秀人才。通过多次修改《移民法》引进符合美国发展需要的优秀人才，在20世纪90年代初约有3万人移居美国。

3．市场管理政策

美国政府的市场管理政策，主要体现在两方面：一方面探索文化产业发展的基本规律，另一方面促使文化产业发展规范化。摸索文化产业的发展规律，引导文化产业和文化产品走市场化和产业化的发展思路。市场化确立了用市场机制调节文化产业发展，要求相关文化企业按照消费者的要求，找准市场定位。产业化确立了系列化和品牌化的经营方针，要求相关文化企业通过产品开发、建立全球营销网络等形式，实现最大化收益，重视品牌建设，推动文化企业实现跨媒体、跨业务和跨行业经营，促进技术、人力和财力等资源实现最优配置。为规范文化产业的发展，美国政府着力解决文化节目的垄断问题和知识产权的侵权问题。打破垄断促使广播电视网络节目内容的丰富化和多样化，满足消费者的多元化需求；打击侵权，可以保护和支持文化产业的正常发展。此外，政府还对非营利性文化单位和文化产品进行财务监督，使市场管理规范化。

二、美国文化产业的孵化体系

文化产业要想破茧成蝶，需要满足一定条件。文化产业的发展，离不开受众群体的培育、有力的商业运作、文化事业和文化产业的彼此协作，美国文化产业的发展过程就是孵化体系形成与完善的过程。

（一）文化消费群体的孵化

从根本上说，文化产业发展于文化需求，应多关注和培养文化消费群体。

1. 文化产品紧紧抓住受众群体的需求

只有不断了解和满足消费者的文化需求，才能为文化企业带来可观的经济与社会效益。如美国纽约百老汇剧院就为不同需求的观众提供了不同的剧目：为文化需求者呈现莎士比亚的经典文学、为亲子家庭制作老少咸宜的童话故事、为旅行者制作轻松愉悦的音乐剧等，即使是不谙英语的外国人也可能通过表演者的肢体表现了解其中大意，不论是谁总能在百老汇剧院找到适合自己需要的剧目。又如日本的动漫被细分为幼儿动漫、少年动漫、青年动漫、老年动漫、少男动漫、少女动漫等，针对不同群体的喜好进行准确定位。文化产业和文化产品既要贴近儿童的需求也要贴近成人的现实生活，既能满足大众文化需求也能满足高要求者的特殊文化需求。

2. 提高受众对文化产品的接受度和黏性

受众的接受度和黏性决定了该文化产业和文化产品能否持续发展。提高公众对文化产品的接受度，需要培育受众对文化艺术的鉴赏能力。如纽约所有剧场都设置学生专场，以低价吸引年轻观众走进剧场，为百老汇培育消费群体；通过组织社区戏剧活动，或在繁华地段的电子屏上免费播放歌舞剧等方式培养观众。公众对文化产业和文化产品的黏性体现在培养消费者的文化认同和消费习惯上。从文化认同上看，美国政府通过社会、政治、外交等政策与其他国家交流价值观念、意识形态、审美标准等，也为其文化的进一步发展积聚经验。现在，很多文化产品采取"会员制"的营销模式（享受票价优惠、年庆活动和问卷反馈等福利），吸引了不少潜在性消费者前来，不仅可培养大量潜在消费者也可以促进消费者数量的增长，或者观看频率的增长。

（二）高效的商业运作

美国文化事业的运营是政府主导模式，由政府提供文化事业的软硬件，如规划、设计、使用、管理及维护等，该模式具有充足的资金来源及相关政策支持。美国文化产业的运营模式是典型的市场主导，遵循市场规律、充分利用市场竞争优势。美国文化产业的项目由大型文化产业集团运作，且独立完成，"创作—制作—发行—衍生产品开发"的产业链采取"大投入、大制作、大产出、大运作"的方式，从而占领市场。具体执行，一方面依靠报刊、广播、电影、电视等媒体及衍生品销售渠道，实现多元化经营，极力获取最大化利润；另一方面把大量动画制作、衍生产品的制作与生产以国际合作形式交与其他国家（或地区），协同发展。

美国以迪士尼公司为代表的动画产业，围绕核心动画形象进行多次开发和利用，其经营业务涵盖了电影制作、媒体网络、主题公园和消费产品等，盈利模式包括第一轮的电影票房收入、第二轮的光盘和图书等出版收入、第三轮的品牌授权收入和衍生产品销售收入、第四轮的主题公园和品牌体验的推广收入等。以百老汇剧院为代表的戏剧产业，通过各种组织活动（艺术家联盟、演员基金等）协调戏剧的创作、提升戏剧产业的服务水平，极力营造有利于戏剧产业发展的良好氛围，协同演出场所经营商、演出内容制作商和演出经纪商等一起提升戏剧产业的文化影响和经济效益。

（三）政府的有力支持

美国文化产业市场化、自主化的程度非常高，对文化产业的发展主要依赖市场机制的调节作用，但美国政府也有很多支持文化产业发展的有力措施，具体包括 3 个方面。

1. 资金支持

在美国，资金支持方式有很多，包括政府拨款（最常见的资金支持方式，当然美国政府一般不会直接把钱拨付给文化事业和文化产业，而是通过非营利性文化机构拨付）、设立产业发展基金（一种半官方的资金支持，需要吸纳社会资金参与）、为文化机构和文化企业减免税收、政府为文化企业的融资行为提供担保等。

2. 购买文化产业的版权

美国政府通过购买播放权，提供给其他国家进行文化输出，为美国本土文化企业开通国际市场渠道。

3. 搭建孵化和交流平台

一方面，政府通过设立各种研究孵化机构，培育和吸引文化人才。如 1990 年美国成功引进来自苏联的 10 万文化精英人才，其中有 1500

人对美国文化产业发展做出过重大贡献。[①] 另一方面，搭建交流平台，为文化企业提供相互交流的合作平台，如一年一度的格莱美奖、四年一度的奥斯卡奖等颁奖盛典，既是文化盛宴也是文化企业交流的桥梁。

第二节　美国文化产业发展对中国的启示

一、文化产业政策的制定

（一）中国现行文化产业政策

美国的文化产业政策融于美国的政治政策、外交政策、经济政策甚至是军事政策中，因此文化产业政策的制定不光是国会与政府的事，而是全社会参与制定，上至国会，下至文化企业、行业协会甚至是消费者，都是政策制定者。中国的文化产业发展，也需要汇聚相关部门（文化部门、广电新闻出版等）以及文化企业等多方面的智慧和力量。

1. 国家层面的政策

我国的文化产业方面的法律较少，而法规与规范性文件及条例相对较多。如果把正处在审议阶段的《中华人民共和国文化产业促进法》统计进来，目前已有文化产业相关法律11部，其他10部法律分别为《中华人民共和国文物保护法》（1982年通过，并于1991年、2002年、2007年、2013年和2017年进行修订）、《中华人民共和国档案法》（1987年制定，并于1996年、2016年和2020年进行修订）、《中华人民共和国著作权法》（1990年颁布，并于2001年、2010年和2020年进行修订）、《中华人民共和国广告法》（1994年制定，并于2015

---

① 钱寿海.美国文化产业的成功经验和启示（三）[J].企业研究，2015（5）：26–28.

年修订）、《中华人民共和国非物质文化遗产法》（2011 年）、《中华人民共和国旅游法》（2013 年发布，2016 年和 2018 年修订）、《中华人民共和国电影产业促进法》（2016 年通过）、《中华人民共和国网络安全法》（2016 年通过）、《中华人民共和国公共文化服务保障法》（2016 年发布）、《中华人民共和国公共图书馆法》（2017 年通过）。此外《中华人民共和国商标法》（1982 年制定，并于 1993 年、2001 年、2013 年和 2019 年修订）和《中华人民共和国专利法》（1984 年制定，并于 1992 年修订）等虽与文化产业相关，但并非文化产业的专项法律，所以没有统计在内。

在统计结果里，以国务院名义、或以中共中央办公厅和国务院办公厅名义发布的，与文化产业相关的行政法规共有 29 部，内容主要涉及旅游服务、广播电影电视节目、出版发行等；以中央各部委（原国家广电总局、文化部、国家旅游局）名义下发的与文化产业发展的相关行政规章有 208 部。总体看来，国务院及国家部委制定的行政规章，大多数为规范性。其中服务型和促进性的法规以指导性为主，如《国务院关于推进文化创意和设计服务与相关产业融合发展的若干意见》（2014 年）、《关于强化知识产权保护的意见》（2019 年）、《长城、大运河、长征国家文化公园建设方案》（2019 年）、《关于加快推进媒体深度融合发展的意见》（2020 年）、《关于深化国有文艺院团改革的意见》（2021 年）、《关于进一步加强非物质文化遗产保护工作的意见》（2021 年）、《关于在城乡建设中加强历史文化保护传承的意见》（2021 年）等。

2. 地方层面的政策

以中华人民共和国地方各级人民代表大会和地方人民政府的名义发布的与文化产业发展相关的规章制度，据不完全统计有 548 部。其中，促进型的规章制度，比较有代表性的有山西省《优秀电影项目扶持奖励办法》（2017年）、《天津市智能文化创意产业专项行动计划》（2018年）、《辽宁省传统工艺振兴计划实施意见》（2018年）、《厦门市关于印发进一步促进文化产业发展补充规定的通知》（2018年）、《河南省传统工艺振兴计划》（2018年）、《四川省文化产业促进条例》（2018）、江西省《关于进一步支持文化产业发展的若干意见（试行）》（2019年）、《湖北省旅游服务质量提升计划实施方案》（2019年）、《北京市促进数字经济创新发展行动纲要（2020—2022年）》（2021年）、《安徽省戏剧创作孵化计划实施方案》（2020年）等。《深圳市文化产业促进条例》（2008年）、《太原市促进文化产业发展条例》（2009年）虽然时间比较早，但也是典型代表。

　　服务性的规章制度，比较有代表性的是广东省《公共文化服务促进条例》（2011年），这是中国第一部关于文化服务体系建设的综合性地方性法规。随后，很多地方出台了促进公共文化服务的地方性法规，如《江苏省公共文化服务促进条例》（2015年）、《西宁市公共文化服务促进办法》（2015年）、浙江省《关于加快构建现代公共文化服务体系的实施意见》（2015年）、《天津市公共文化服务保障与促进条例》（2018年）、《河北省旅游标准化管理办法》（2018年）、黑龙江省《全省旅游市场信用体系建设实施意见》（2019年）、《重庆市文化馆服务规范（试行）》（2018年）、《青海省广播影视公共服务管理办法》（2018年）、广州市《关于加快文化产业创意发展的实施意见》（2018年）、重庆市《关于实施旅游服务质量提升计划的通知》（2019年）、《上海市公共文化服务保障与促进条例》（2021年）等。我国现行支持文化产业发展的法律法规体系，如表5-1所示。

表 5-1　中国现行支持文化产业发展的法律法规体系

文化产业		法律	行政法规		
		国务院	国务院与中央办公厅	中央部委	地方性
新闻信息服务	新闻服务		1	4	13
	报纸信息服务			1	2
	广播电视信息服务		2	25	30
	互联网信息服务	1	2	12	22
内容创作生产	出版服务		3	19	23
	广播电视节目制作	1	2	11	26
	创作表演服务			17	20
	数字内容服务		2	18	31
	内容保存服务	4	3	11	81
	工艺美术品、艺术陶瓷品制造			1	1
创意设计服务	广告服务	1		15	25
	设计服务			8	24
文化传播渠道	出版物发行	1	2	7	25
	广播电视节目传输		2		0
	艺术表演			8	24
	互联网文化			5	5
	娱乐平台		1	4	6
	艺术品拍卖及代理			13	23
	工艺美术品销售		1	1	0
文化投资运营	投资与资产管理		2	3	26
	运营管理		3	3	30

续表

文化产业		法律	行政法规		
		国务院	国务院与中央办公厅	中央部委	地方性
文化娱乐休闲服务	文化娱乐休闲服务	1		5	33
	景区游览服务		1	11	29
	休闲观光服务	1	2	6	30
文化相关领域	文化辅助生产和中介服务				17
	文化装备生产				1
	文化消费终端生产				1
合计		10	29	208	548

数据来源：《北大法宝数据库》、《北大法意数据库》、中国经济网"文化产业政策库"所收录的中国大陆制定的与文化产业政策相关的法律法规信息，不包含港、澳、台地区的文化产业政策。

注：1. 文化产业的相关领域分类参考国家统计局 2018 年颁布的《文化及相关产业分类》标准。

　　2. 统计数据为 1999—2021 年，截至 2021 年 9 月底。

　　3. 统计数据参考周刚志和姚锋公开发表的论文《论中国文化产业的立法模式——以社会主义核心价值观为价值引导》[湖南大学学报(社会科学版)，2019 年第 3 期]。

（二）制定文化产业支持政策需注意的问题

文化产业政策对于实施文化强国战略、坚持文化自信具有重要的引领和规范作用。文化产业政策是体制、国情和经验等方面综合作用的产物，在制定文化产业政策时要注意如下几点。

1. 要依据国情和地方实际，制定促进文化产业发展的相关政策

从国家层面来看，制定文化产业政策要从本国的实际情况出发找准战略定位。例如，美国把发展多元化文化产业、促进社会和谐与稳

定作为制定文化产业政策的出发点，韩国把化解本土文化和外来文化的隔阂、促进社会有序发展作为制定文化产业政策的出发点，法国则把保护本国特色文化作为制定文化产业政策的出发点。借鉴三个国家的做法，我们必须立足中国国情，制定具有新时代中国特色社会主义的文化产业政策。

从地方层面来看，要依据地方历史文化资源的拥有情况，开发富有地方特色的文化项目和文化产品。对于具有丰富历史文化资源的地区（如皖南的"徽文化"、甘肃的"敦煌文化"、青藏高原地区的"藏文化"、赣南和岭南地区的"客家文化"、北京与西安的古都文化等），政府可以有意识地引导和发展本地区历史遗留和保存的文化，鼓励社会资本参与文化产业的发展。例如，深圳采取产权租赁、托管等模式，吸引了不少社会资本参与保护客家文化遗产"大万世居"；无锡市成立文化遗产保护基金，实行政府引导、民间运作，为保护文化遗产提供资助。此外，还可以将本地历史文化资源与现下流行文化相结合，加以创新，从而策划与文化相关的艺术活动项目，或以故事形式活化当地的文化资源。例如，河南省推出的《黄河故事之治水人物》《黄河故事之大河神龙记》等讲述黄河文化的文艺作品。

2. 要顶层设计文化产业政策，使文化产业成为经济支柱

我国正处在互联网产业与文化产业融合发展期、文化发展方式转型期，因此推进文化产业发展，需要顶层设计出支持文化产业发展的政策体系，突出"大设计""大规划"的整体发展思路。

（1）通过"大设计"整合、厘清文化发展方向，深化文化供给侧结构性改革，可考虑对现行的各级部门进行整合，形成一个新的文化产业管理综合性部门。集中职权，对文化产业进行管理和协调，完善文化产业顶层设计管理机制。

（2）通过"大规划"构建跨业态的、完整的文化产业链，对文化产业的发展从产业细分、创新驱动、产业功能区建设、产业协同发展、产业对外开放等方面进行合理规划。

（3）建设新政策的制定既可以打通文化产业链条上的各个环节，又可以针对不同细分产业进行差异化管理和精准化扶持。

（4）具有开放性和前瞻性。开放性，指鼓励文化产业和其他行业横向关联，促进文化产业与建筑业、制造业、教育业、新兴科技等的融合。前瞻性指以战略的眼光审视文化产业发展的趋势，引领和推进文化产业的长远发展。

3．要尊重文化产业的发展规律

（1）明确文化属性。从内涵上看，文化可分为文化事业和文化产业。文化事业属于为公共文化提供服务的组织机构，其所具有的非营利性、公益性特征容易引发市场失灵，需要由政府主管部门负责管理。文化产业属于特殊的经济形态和特殊的文化形态，可以由市场来调节，但我国的文化产业仍处于起步阶段，需要政府提供政策扶持。政府一方面作为文化事业发展的主体，另一方面作为文化产业发展环境的提供者，其对文化产业的扶持主要表现在提供文化基础设施、改革创新机制和体制、健全政策和法律法规体系、支持文化产业和文化产品对外交流等方面。

（2）拓展文化产业发展的空间。文化产业的发展最终需要通过市场机制来实现，文化企业要在发展中寻找自己和市场的结合点。长期以来，我国在支持文化产业发展时，一方面要掌握文化产品的需求规律、投入与产出规律、市场竞争规律、产业成长规律、文化产品的创作规律。坚持解放思想，改革创新，不断激发文化领域的创造活力。另一方面要坚持深化改革文化产业的体制机制、建立健全现代化市场体系、以符合国家国情的现实和未来发展作为重点。坚定文化自信,积极参与国际规则制度,增强我国文化领域的国际话语权与影响力,为发展具有中国特色社会主义文化积累更多经验。

4. 政策弹性化,要以服务性和促进型为主

政策弹性化一方面要求在制定文化产业政策时,应突出文化改革目标的可变性、政策路径的可选择性,在管理方式上鼓励地方发挥主观能动性。由地方根据自身的历史文化资源因地制宜发展具有本地特色的文化产业,发展模式要符合整个国家和国情的实际与未来。另一方面建立制定文化市场管理法,以保证文化产业统一、规范、合理竞争、健康有序发展,使文化产业在法律层面得到保障。当下以建设现代化经济体系,推进供给侧结构性改革,地方政府对发展文化产业的预期自然是既要通过文化产业拉动地方经济的发展,也希望通过文化产业带动地方经济的升级与转型。为保障文化产业的地位与效益,在制定和实施文化产业政策和法规时,保持政策的弹性化,以服务和促进文化产业发展是十分必要的。

二、构建中国的文化产业孵化体系

由良好的受众群体、强大的资金与技术支持、市场化的运营管理和跨产业的合作机制构成的文化产业孵化体系,是推动美国文化产业规模化、集约化和专业化发展的基础,该体系也成为培育文化新业态和孵化文化新成果的载体。在我国,文化产业的发展是经济社会水平提高、居民收入提高和消费需求变化的必然结果,目前我国文化产业的孵化体系建设正在逐步发展与完善。

(一)我国的文化产业孵化体系的现状

我国现行的文化产业孵化体系主要有三种模式,即"创业服务+

创业投资＋创业导师"模式（以中国人民大学文化科技园为代表的事业型经营模式）、"公共技术平台＋产业联盟"模式（以中关村动漫游戏为代表的企业型经营模式）和"政府引导＋企业运作"模式（以中关村雍和园为代表的"事业＋企业"相结合的经营模式）。除了存在一般产业孵化体系的共性问题（运营效率低、评价体系缺乏有效的激励机制、人才体系建设落后、服务理念有偏差、孵化体系构建滞后等）之外，我国的文化产业孵化体系还存在很多特殊性。

1. 管理机制不统一

从中央层面看，主管部门可能是中宣部，也可能是文化和旅游部，不像科技型企业的孵化是由科技部专门管理的。文化产业园区的建设，审批在发改委部门，土地供应在国土部门，规划在建设部门，文化部门没有决定权。条块分割的格局和体制模式造成了命令源不止一个，一方面导致管理混乱，出现"无人管理、无人负责"的现象，不利于文化产业的统一规划；另一方面资源难以整合，使文化资源不能合理有效利用。

此外，传统的文化事业型的"管办不分"的管理模式也是制约文化产业发展的重要因素，对公益性文化事业和营利性文化产业都采取直接管理的办法，造成社会效益与经济效益的不相称等问题。

2. 发展模式不够优化

（1）偏离文化产业发展

为打出所谓"地方特色"品牌，很多文化产业园区依托地方历史文化资源大兴土木，实质上变成了商业地产开发，使文化产业园区的概念意义超过了实质意义，难以形成长效发展机制，同时还会透支历史文化资源，破坏历史文化景点。应加强政策引导，防止不良企业利用政策利好扭曲政府意图，妨害文化产业健康发展。

（2）文化产业园区设置不科学

文化产业园区的建设应该充分考虑地区经济的发展和文化资源情况进行布局。但实际情况却是很多地区只从热门产业或行业的角度考虑问题，什么产业热就发展什么产业，动漫产业热时就开展动漫园项目、文旅产业热时就建文旅项目，忽略了市场因素和产业发展的内在规律，重复建设造成了资源的浪费，有的文化产业园区不能形成有效的产业集聚等问题。应对导致行业畸形发展的乱象予以适当纠正，必要时要采取监管手段进行法律规范和预警防范。

3. 文化发展生态不完善

文化产业扶持、考核评估机制、政府购买服务机制等尚不健全。当前，我国文化产业发展主要有两个特点：一是规范性的、管制性的政策多，缺少促进型的、服务性的政策；二是法律规范少而政策性、规范性文件居多，这容易导致支持文化产业发展的政策缺乏长效机制。此外，我国的文化产业政策是各部门依据职能制定，存在部门化倾向且总体上较为宏观，没有具体的可操作的实施细则，在此背景下，政府应进一步转变职能，简政放权，可采取长期持久的供给侧结构性改革营造稳定的文化发展环境。

（二）构建完善高效的文化产业孵化体系

所谓"孵化"本意是建立与初创企业的战略合作机制，提供资金上的支持和管理上的便利，帮助企业挖掘其价值，快速推进企业成长速度。文化产业孵化主要是针对文化资源的开发和利用而设计的创新体系，提供共享服务与共同空间，如培育忠实的受众群体、搭建高效的文化交流平台、梳理政策支持体系、推进文化产业的市场化运营。通过开发文化资源和文化产品，一方面满足人民群众日益增长的精神需求，另一方面带动地区经济发展，实现产业结构的优化升级。

1. 培育忠实的受众

积极的受众不仅是文化传播的主体，而且还是推动文化产业发展的推动力，主要表现为受众的定制消费，即文化企业按照受众的要求设计产品，根据受众的需求提供服务。从这点上，受众的积极意识就是市场的需求，是文化产业发展的催化器。培育积极的受众，需要从如下几个方面来着手。

（1）研究受众的类型

同一类型的受众在选择文化产品时，会出现相似的群体特征（价值理念、心理特征、行为特征、需求爱好等）。以电视剧为例，文艺类更受年轻女性的喜欢，动画类更受青少年的欢迎，家庭类更受成年女性的青睐，军旅类和武打类更易激发男性观众的兴趣等。丰富的文化产品类型，可以满足不同文化水平、不同生活环境的人群消费需求。因此，开发文化产品需要研究受众的关注点，以及受众对产品的期望。当然，文化产品的开发也不能完全囿于受众的喜欢，如抽象艺术文化企业也可以通过艺术专题讲座、抽象艺术进校园和社区等活动，培育潜在的受众群体。

（2）推出高质量的原创性文化产品

在互联网和传媒业异常发达的今天，要想把潜在受众转化为现实受众，需要打造精品内容或追求文化产品的"不可替代性"，而这都来源于高质量的原创作品。推出原创作品需要借鉴文化产业发达国家的成功经验，并利用好我国丰富的历史文化资源。文化产品最终需要面向市场，接受受众的检验，只有优秀的原创作品（有时代感、有思想）才能吸引更多的受众接受和喜欢。

原创作品出现后，一方面要加强知识产权的保护，加大打击侵权和盗版的力度。盗版不仅损害原创作者的信心，而且会破坏从创意到发行、从原生作品到衍生品开发等完整的产业链。另一方面要培养受众正确的消费观，不使用、不传播、不消费盗版产品。

（3）培养受众的文化消费习惯

除了要契合受众的注意力推出原创性内容以外，使潜在受众养成文化消费习惯取决于文化产品的"易得性"。"易得性"一方面体现在文化产品的价格上（使受众"有能力消费"），或通过赠票、低价格、政府补贴票价等方法，吸引更多受众走入文化消费市场、培育文化消费的习惯；另一方面又体现在文化消费的方便程度上，可以把文化消费嵌入各类消费场所、改造文化消费的配套服务实施，方便市民的文化消费，挖掘本地市场。

2. 构建高效的商业运作体系

在移动互联网时代，文化创意的传播和消费等都在发生改变，"互联网极大地丰富了信息传播的内容和传播方式，创造了各种类型的新媒体，产生了许多新的文化传媒"（祁述裕、刘琳，2012），文化与新媒介、新技术的融合成为必然。在此背景下，构建高效文化产业的商业运作体系关键在于创新：创新思路、创新管理、创新技术。

（1）创新思路

不同于传统产业，文化产业在追求经济价值最大化的同时还应实现社会价值的最大化。社会价值的获取不仅有赖于受众的认可与参与，更有赖于受众分享成果。

一方面移动互联网技术的发展为文化成果的分享提供了基础，使文化遗产不再是只在博物馆展陈、研究所分析，而是可以通过数字化、大数据的挖掘和互联网的手段，让传统文化与人民生活的各个环节串联起来（陈玉林，2018），使博物馆里的文物、深山中的遗址、古籍里的文字"活"起来。例如，武汉的国家级非遗传人刘国瑞，利用网络直播将"剪""烧""刻""雕"等剪纸绝活呈现给观众，5个小时就吸引了近万名观众观看。盛大网络游戏"传奇世界"里还原了唐朝大明宫、汉唐服饰等。盛大网络联合国家文物局开发的"文物加App"整合天津博物馆、西安博物馆和海南博物馆等数字化资源，用AR/VR技术与受众互动。湖南省博物馆联手咪咕视频开展一站式博物馆会员服务，为网民提供线上和线下的体验服务。2021年河南卫视春晚节目《唐宫夜宴》运用"5G+AR"技术让传统文化里的经典人物活了起来，使传统文化重新走进大众视野。

另一方面移动互联网技术的发展打破了传统文化产业发展的瓶颈。例如，两宋时期曾经独领风骚的河南汝瓷，近年来依托互联网技术和大数据开发，整合过去的分散经营模式，打造了以"清淡含蓄"为主题的汝瓷生产的新业态——汝瓷小镇，小镇集合汝瓷的开发传承创新、非物质文化遗产展示、传世精品汝瓷艺术交流等为一体。2014年，汪峰在国家体育场（鸟巢）的个人演唱会，被看成传统音乐产业在互联网时代获得新生的奇迹，该演唱会利用乐视网直播的形式，轻松突破传统演唱会的票房"天花板"。还有，作为地理标识产品的建水紫陶，利用互联网强大影响力和渗透力将文化旅游、文博服务、休闲娱乐结合起来，突破了传统的"前店后厂""坐等客户"的经营模式。2020年，北京多家博物馆在"国际博物馆日"推出云赏、藏品故事直播等线上＋互动的活动模式，使全国各地观众可以通过网络观看博物馆，并与专家在线互动。

（2）创新管理

互联网既有效拉近了文化产业供求双方的时间与空间距离，又为受众实现了个性化定制，其免费商业模式、长尾商业模式、授权商业模式和文化电商模式等四种新型商业模式也为文化企业之间的合作交流节约了时间成本，同时通过构建大数据共享交流平台满足受众对文化产品价值最大化的要求。因此，互联网下的文化企业应该创新管理方式，利用新技术进行信息化管理。

首先，多维度建立夯实信息化路径。推进以"云—网—端"为重点的信息化基础设施建设，包括宽带网络、存储介质、硬件设施等，为文化产品和服务信息传递提供支撑；推进文化产品和服务的数字化管理，引导中介企业、专业团队对文化产业的大数据进行分析和整理，对文化产业的现代管理信息系统进行数字化管理。利用互联网技术的互通性，将文化企业、博物馆、图书馆等文化服务主体联结起来，打造文化产品信息发布和产销合作的平台，使消费者利用各种智能终端或设备就可获取、消费和分享文化产品。

其次，多方面建设加强信息化政策扶持。从制度层面，强化保障，如文化产业的信息化发展规划、大数据中心建设的政策措施、信息化背景下文化产业的执法与监督政策等。从平台建设层面，强化支撑力量，如创新发展平台（实现创新成果与文化产业的对接、创新项目与生产力的对接）、共享发展平台（实现信息目录和数据标准的共享、构建数据交换体系实现信息共享）。

最后，多层次培育信息化人才。文化产业的信息化需要培养既懂信息技术又有管理技能还要有创意的新复合型人才。文化产业的信息化人才队伍的建设主要有两种方法：①加强高等院校的信息技术教育，建设信息教育培养体系，全民普及信息技术知识，为信息化提供良好的社会氛围；②健全高端人才的引进机制，吸引国外优秀的文化人才，纳入我国的文化产业；③挖掘人才资源的潜力，依托文化企业的优势，盘活现有文化人才，实现人才资源的优化整合。

（3）创新技术

马克思说，"社会劳动生产力，首先是科学的力量[①]"，"大工业把巨大的自然力和自然科学并入生产过程，必然大大提高劳动生产率[②]"。科学技术是第一生产力，创新是引领发展的动力。文化产业是技术主导的产业类型，技术创新也是文化产业发展的动力。在移动互联网快速发展的今天，技术创新在文化领域的表现形式和传播形态表现在数字化和信息化上，"数字化时代就是一切信息活动都可能通过产业的方式来处理、发送和接受[③]"。一方面数字技术催生文化产业的内生性创新，即传统文化的数字化出版和数字化印刷等，如电子书、互联网期刊、数字报纸等，适应文化产品的分散化、个性化、按需化，使电商、远程教育、远程诊疗、音像传播、数据库建设与文化创意、艺术、娱乐休闲等相结合，可见数字技术的市场前景广阔。另一方面以互联网为代表的信息化带来的外生创新，如大数据平台、VR 和 AR 技术、"互联网 +"等，通过新技术、新媒介的融入，使文化产品在渠道、管理、内容、经营上实现创新发展，提升了文化产业发展的质量和层次。

当前，文化产业的技术创新应该着力推进与支持文化产业发展的关键性技术和共性技术的研发。关键性技术和共性技术对整个文化产业的发展具有重大影响，它的突破能带动文化产品从创意、制作到传播等各个环节和各种类型的文化产业的技术升级，有助于形成中国文化产业的技术优势。

优势一，深化文化科技创新体制改革。构建与文化产业发展规律

---

① 中共马克思恩格斯列宁斯大林著作编译局．马克思恩格斯全集：第 25 卷 [M]．北京：人民出版社，1963：97．

② 马克思．资本论：第 1 卷 [M]．北京：人民出版社，1975：424．

③ 葛洛蒂，张国志．数字化世界：21 世纪社会生活定律 [M]．北京：电子工业出版社，1999：3．

相契合的管理体系，既要将文化管理创新与科学技术有机融合，也要着力构建高效的科学化、人性化的管理方式，还要形成文化科技创新发展聚集管理效应。

优势二，深度挖掘和整合优秀文化资源。提升文化科技创新既要加强对历史文化资源的保护，也要推陈出新，创造喜闻乐见的新文化内容，以新方式传递文化的新内涵。

优势三，多元化的文化科技政策。资金支持、知识产权保护、专业人员素质提升对文化产品创新具有重要影响。信息技术有助于新产品的开发和改进，更需要国家出台各种激励政策支持文化产业的发展。2020年6月国务院办公厅印发的《公共文化领域中央与地方财政事权和支出责任划分改革方案》进一步明确了各级政府支持文化产业发展的责任。

第六章 结 语

如今已是 2021 年，世界经济在相对和平的大环境下经过了较长时间的繁荣发展，如今已经进入了知识经济时代。信息技术、人工智能和空间技术的发展使地球变为了地球村，国与国之间的产品、服务、要素、知识的流动越来越便利，国家之间的经济联系和文化联系也更加紧密，由于电影、广告、广播等文化产品和服务的跨国流动，各国居民尤其是年轻人的消费偏好出现了趋同现象。我国现在是 GDP 排名世界第二的国家，面临百年未有之大变局，我国希望在世界舞台发挥更大的作用，世界各国也希望更多了解中国，因此，我国文化产业的快速发展和国际化发展是大势所趋。

本书对美国文化产业的空间集聚问题的分析，可以使人们更加了解文化产业发展规律、了解美国文化产业的空间格局，从而对未来中国文化产业走出国门，与美国文化产业开展合作、进行海外投资等提供一定的参考。

本书的实证研究有以下发现：

第一，美国文化产业增加值从 2001 年的 4726.54 亿美元增加到 2019 年的 9197 亿美元，实现了 19 年间的稳定增长。2001—2019 年，美国文化产业增加值占 GDP 的比重在 4.10%~4.70% 波动。

第二，美国细分文化产业中，贡献最大的是文化信息产业和艺术支持服务业。文化信息产业中，占比最大的是广播业、出版业和电影业。美国政府自 2002 年到 2007 年，逐年减少对文化艺术产业的支持，

2007 年之后，政府每年的支持金额保持相对稳定。

第三，美国各州文化产业的发展水平差异巨大。美国文化产业发展最好的 5 个州为加利福尼亚州、纽约州、佛罗里达州、得克萨斯州和华盛顿州。

第四，美国的加利福尼亚州和纽约州是美国文化产业集聚的 2 个极点，但它们的文化产业基于产出的区位商和基于投入的区位商指标都不是全美最高，因此，2 个州的文化产业在未来仍然有进一步提升集聚度的空间。

第五，2001—2019 年，美国各州文化产业的地区集中度指数和赫芬达尔指数呈明显上升趋势，说明总体上美国文化产业集聚水平不断上升。美国核心文化产业和支持文化产业的地区差异正在逐渐拉大、空间集聚水平呈现不断上升态势。

第六，美国广播业的地区差异并不大，2001—2019 年赫芬达尔指数相对稳定，一直处于 0.05 左右。2001—2019 年，美国出版业的地区差异逐渐拉大、空间集聚水平呈现不断上升态势。美国电影业的地区差异较大，存在明显的空间集聚现象，各年的 H 指数都为 0.30 以上，近年来美国电影业的区域差距在逐渐减小、空间集聚水平呈现小幅下降态势。美国各州艺术表演业的地区差异较大，存在明显的空间集聚现象，各年的 H 指数均在 0.20 左右，近年来美国各州艺术表演业的区域差距在继续增大，空间集聚水平呈现小幅提升态势。美国广告业的地区差异相对较小，各年的 H 指数都在 0.10 以下，近年来美国广告业的区域差距在逐渐增大、空间集聚水平呈现小幅提升态势。

第七，基于 2001—2019 年美国文化产业发展数据，利用计量经济方法对未来美国文化产业集聚度的发展进行预测。结果为美国文化产业地区差异（赫芬达尔指数）将以每年增加 0.0016 的速度提升，到

2029 年美国的文化产业集聚度将比 2019 年的 0.10 增加 0.016，增长 16%，美国文化产业的地区差距将持续拉大。未来美国文化产业的地区集中度（CR_8）将以每年增加 0.0037 的速度提升，到 2029 年美国的文化产业地区集聚度将比 2019 年的 0.63 增加 0.037，增长 5.87%。

  本书对美国文化产业集聚的时空演化进行了较为全面、深入的分析，同时以图表形式呈现。但是受时间和可获取数据的限制，尚未对影响美国文化产业集聚的各个因素进行实证分析，笔者后续的研究将在此方面继续推进。

参考文献

[1] [德] 马克斯·霍克海默，西奥多·阿多诺.启蒙的辩证法：哲学断片 [M].渠敬东，曹卫东，译.上海：上海人民出版社，2006.

[2] [英] 贾斯汀·奥康纳.欧洲的文化产业和文化政策 [M].// 林拓.世界文化产业发展的前沿报告（2003—2004）.北京：社会科学文献出版社，2004：8-19.

[3] David Throsby. Economics and culture[M]. Cambridge: Cambridge University Press, 2001.

[4] Allen J Scott.The Craft, Fashion, and Cultural Products Industries of Los Angeles: Competitive Dynamics and Policy Dilemmas in a Multisectoral, Image-producing Complex[J]. Annals of the Association of American Geographers, 1996(2): 306-323.

[5] [芬兰] 芮佳莉娜·罗马.以盎格鲁—撒克逊方式解读文化产业 [M].// 林拓.世界文化产业发展的前沿报告（2003—2004）.北京：社会科学文献出版社，2004：184-191.

[6] 张晓明.中国文化产业发展报告 [M].北京：社会科学文献出版社，2006.

[7] 胡惠林.文化产业发展与国家文化安全 [M].广州：广东人民出版社，2005.

[8] 花建.产业界面上的文化之舞 [M].上海：上海人民出版社，2002.

[9] Scott A J .Cultural-products industries and urban economic development: Prospects for growth and market contestation in global context[J].Urban Affairs Review, 2004, 39(4): 461-490.

[10] Graham Drake.This Place Gives Me Space: Place and Creativity in the Creative Industries[J].Geoforum, 2003, 34(4): 511-524.

[11] Glaeser E L.Review of Richard Florida's the Rise of Creative Class[J]. Regional Science and Urban Economics, 2005, 35(5): 593-596.

[12] Florida R.The Rise of the Creative Class: and How It's Transforming Work, Leisure, Community and Everyday Life[M].New York: Basic Books, 2002.

[13] Pratt A.Creative Cluster: Towards the Governance of Creative Industries Production System?[M].Australia: Media International Australia, 2004.

[14] Nachum L, Keeble D, Avenue S.Neo-Marshallian Nodes, Global Networks and Firm Competitiveness [R].University of Combridge Working, 1999.

[15] 朱萍.产业集群对区域经济增长影响研究：以湘潭为例 [D].湘潭：湖南科技大学，2012

[16] 黄娟.影响文化产业集群生成和发展的因素分析 [D].南昌：江西财经大学，2013.

[17] 刘小铁.文化产业集群生成和发展的影响因素分析：以我国八大文化产业集群为例 [J].江西社会科学，2014（11）：47-51.

[18] 张惠丽，王成军，金青梅.基于 ISM 的城市文化产业集群动力因

素分析：西安市为例 [J]. 企业经济，2014（4）：112-115.

[19] 林拓 . 世界文化产业与城市竞争力 [J]. 马克思主义与现实，2003（4）：21-32.

[20] 高红岩 . 文化创意产业的政策创新内涵研究 [J]. 中国软科学，2010（6）：80-105.

[21] [美] 迈克尔·波特 . 国家竞争优势 [M]. 李明轩，邱如美，译 . 北京：华夏出版社，1998.

[22] [美] 理查德·E. 凯夫斯 . 创意产业经济学：艺术的商业之道 [M]. 北京：新华出版社，2004.

[23] Gornostaeva G, Cheshire P.Media Cluster in London[J].Economic Performance of European Regions, 2002(4): 151-160.

[24] Scott A J.Creative Cities: Conceptual Issues and Policy Questions[J]. Journal of Furban Affairs, 2006, 28(1): 1-17.

[25] Wenting R.The Evolution of a Creative Industry: The Industrial Dynamics and Spatial Evolution of the Global Fashion Design Industry[D]. Dutch: Universiteit Utrecht, 2008.

[26] 王志成，谢佩洪，陈继祥 . 城市发展创意产业的影响因素分析及实证研究 [J]. 中国工业经济，2007（8）：47-59.

[27] Yusuf S, Nabeshima Ka.Creative Industries in East Asia[J].Cities, 2005, 22(2): 109-122.

[28] Jafe A B, Trajtenberg M, Henderson R..Geographic Localization of Knowledge Spillovers as Evidenced by Patent Citation[J].Quarterly Journal of Economics, 1993(108): 577-598.

[29] Rantisi N M.The Ascendance of New York Fashion[J].International

Journal of Urban and Regional Research, 2004(28): 86-106.

[30] Currid E.The Warhol Economy, How Fashion, Art and Music Drive New York City[M].Princeton and Oxford: Princeton University Press, 2007.

[31] Bathelt H.Cluster Relations in the Media Industry: Exploring the Distanced Neighbor' Paradox in Leipzig[J].Regional Studies, 2005, 39: 105-127.

[32] 沈露莹.上海文化大都市战略与文化产业发展 [J].上海经济研究，2008（9）：58-63.

[33] 张萃，赵伟.产业区域集聚研究：新经济地理学的理论模型和实证命题 [J].人文地理，2011（4）：23-28.

[34] 魏和清，李颖.我国文化产业聚集特征及溢出效应的空间计量分析 [J].江西财经大学学报，2016（6）：27-36.

[35] 顾江，车树林.资源错配、产业集聚与中国文化产业发展：基于供给侧改革视角 [J].福建论坛（人文社会科学版），2017（2）：15-21.

[36] 江瑶，高长春，陈旭.创意产业空间集聚形成：知识溢出与互利共生 [J].科研管理，2020（3）：119-129.

[37] 汪毅，徐昀，朱喜钢.南京创意产业集聚区分布特征及空间效应研究 [J].热带地理，2010（1）：79-83+100.

[38] 刘友金，赵瑞霞，胡黎明.创意产业组织模式研究：基于创意价值链的视角 [J].中国工业经济，2009（12）：46-55.

[39] 王茁宇.文化创意产业集聚效应及面临的问题 [J].经济纵横，2012（8）：76-78.

[40] 卫志民.文化创意产业发展的现状、制约与突破：一项基于北京文化创意产业发展的研究 [J].河南大学学报（社会科学版），2017, 57(2)：

15-21.

[41] 陶金，罗守贵 . 基于不同区域层级的文化产业集聚研究 [J]. 地理研究，2019（9）：2239-2253.

[42] Chuluunbaatar E, Huang O, Luh D B, Kung S F.The Role of Cluster and Social Capital in Cultural and Creative Industries Development[J].Procedia-Social and Behavioral Sciences, 2014, 109(8): 552-557.

[43] Bathelt H.The rise of a new cultural products industry cluster in Germany: The case of the Leipzig media industry[R].Frankfurt am Main: IWSG Working Paper, 2001: 6.

[44] [英] 阿尔弗德雷·马歇尔 . 经济学原理：上卷 [M]. 朱志泰，译 . 北京：商务印书馆，1997.

[45] [德] 约翰·冯·杜能 . 孤立国同农业和国民经济的关系 [M]. 吴衡康，译 . 北京：商务印书馆，1986.

[46] [德] 阿尔弗雷德·韦伯 . 工业区位论 [M]. 李刚剑，陈志人，张英保，译 . 北京：商务印书馆，2010.

[47] [德] 奥古斯特·勒施 . 经济空间秩序：经济财货与地理间的关系 [M]. 王守礼，译 . 北京：商务印书馆，2010.

[48] [美] 埃德加·M. 胡佛 . 区域经济学导论 [M]. 王翼龙，译 . 北京：商务印书馆，1990.

[49] [法] 弗郎索瓦·佩鲁 . 新发展观 [M]. 张宁，丰子义，译 . 北京：华夏出版社，1987.

[50] [美] 保罗·克鲁格曼 . 地理与贸易 [M]. 张兆杰，译 . 北京：北京大学出版社，2000.

[51] 藤田昌久，保罗·克鲁格曼，安东尼·J. 维纳布尔斯 . 空间经济学：

城市、区域与国际贸易 [M]. 梁琦，译. 北京：中国人民大学出版社，2011.

[52] [英] 亚当·斯密. 国民财富的性质和原因的研究：上卷 [M]. 郭大力，王亚南，译. 北京：商务印书馆，2008.

[53] [美] 瓦尔特·艾萨德. 区域科学导论 [M]. 陈宗兴，尹怀庭，陈为民，译. 北京：高等教育出版社，1991.

[54] [美] 迈克尔·波特. 竞争论 [M]. 刘宁，高登第，李明轩，译. 北京：中信出版社，2009.

[55] Keeble D.Small Firm Creation, Innovation and Growth and the Urban Rural Shift[R].london: University of Cambridge Working Paper, 1992: 1-25.

[56] Freeman C.Networks of Innovation: A Synthesis of Research Issues[J]. Research Policy, 1991(20): 499-514.

[57] Guiso L, Sapienza P, Zingales L.Does Culture Affect Economic Outcomes?[J].Journal of Economic Perspectives, 2006, 20(2): 23-48.

[58] [法] 让·巴蒂斯特·萨伊. 政治经济学概论 [M]. 陈福生，陈振骅，译. 北京：商务印书馆，1963.

[59] [瑞士] 西斯蒙第. 政治经济学原理 [M]. 何钦，译. 北京：商务印书馆，1997：97.

[60] [德] 弗里德里希·李斯特. 政治经济学的国民体系 [M]. 陈万煦，译. 北京：商务印书馆，1997.

[61] 中共中央马克思恩格斯列宁斯大林著作编译局. 马克思恩格斯全集：第 46 卷上册 [M]. 北京：人民出版社，1979.

[62] 马克思. 1844 年经济学哲学手稿 [M]. 北京：人民出版社，2000.

[63] Robert B J, McCleary R M.Religion and Economic Growth across Countries[J].American Sociological Review, 2003(68): 760-781.

[64] Knack S, Keefer P.Does Social Capital Have an Economic Pay-off? A Cross Country Investigation[J].Quarterly Journal of Economics, 1997(112): 1251-1288.

[65] Bisin A, Verdier T.On the Joint Evolution of Culture and Institutions[J]. NBER Working Papers, 2017-04(23375).

[66] 郭云南，姚洋，Foltz J.宗族网络与村庄收入分配 [J].管理世界，2014（1）：73-89.

[67] 张军，陈磊.中国出口贸易文化异质性效应研究：来自主要贸易伙伴国的经验证据 [J].财贸经济，2015（7）：123-136.

[68] Tabllini G.Culture and Institutions: Economic Development in the Regions of Europe[J].Journal of the European Economic Association, 2010, 52(6): 23-72.

[69] Algan Y, Cahuc P.Inherited Trust and Growth[J].American Economic Review, 2010(100): 2060-2092.

[70] Fernandez R, Fogli A, Olivetti C.Mothers and Sons: Preference Formation and Female Labor Force Dynamics.[J].The Quarterly Journal of Economics, 2004, 119(4): 1249-1299.

[71] Almond D, Edlund L, Milligan K, Son Preference and the Persistence of Culture: Evidence from South and East Asian Immigrants to Canada[J]. Population and Development Review, 2013(1): 75-95.

[72] Zhang C C, Li T.Culture, Fertility and the Socioeconomic Status of Women.[J].China Economic Review, 2017(45): 279-288.

[73] 张川川，马光荣.宗族文化、男孩偏好与女性发展 [J].世界经济，2017（3）：122-143.

[74] Peng Y.Kinship Network and Entrepreneurs in China's Transitional Economy[J].American Journal of Sociology, 2004, 109(5): 1045-1074.

[75] 郭云南，张琳弋，姚洋.宗族网络、融资与农民自主创业 [J]. 金融研究，2013（9）：136-149.

[76] 田园，王铮.非正式制度因素对创业的影响作用探讨 [J]. 中国软科学，2016（3）：24-34.

[77] 柴时军.社会网络与家庭创业决策：来自中国家庭追踪调查的经验证据 [J]. 云南财经大学学报，2017（6）：111-122.

[78] 李涛.社会互动、信任与股市参与 [J]. 经济研究，2006（1）：34-45.

[79] Al-Awad M, Elhiraika A B.Cultural Effects and Savings: Evidence from Immigrants to the United Arab Emirates[J].Journal of Development Studies, 2003(39): 139-151.

[80] 孙涛，黄少安.非正规制度、消费模式和代际交叠模型：东方文化信念中居民消费特征的理论分析 [J]. 经济研究，2005（4）：57-65.

[81] 孙涛，黄少安.非正规制度影响下中国居民储蓄、消费和代际支持的实证研究：兼论儒家文化背景下养老制度安排的选择 [J]. 经济研究，2010（S1）：51-61.

[82] 林建浩，吴冰燕，李仲达.家庭融资中的有效社会网络：朋友圈还是宗族 [J]. 金融研究，2016（1）：130-144.

[83 郭云南，姚洋，Jeremy Foltz.宗族网络，农村金融与平滑消费：来自中国 11 省 77 村的经验 [J]. 中国农村观察，2012（1）：32-45.

[84] 万光彩，肖正根.文化特征与储蓄率差异：基于世代交替模型的分析 [J]. 软科学，2013（3）：134-139.

[85] Guin B.Culture and household saving[N].NBER working paper, 2017.

[86] 盛昭翰，蒋德鹏.演化经济学 [M].上海：上海三联书店，2002.

[87] [英] 索尔斯坦·凡勃伦.经济学为什么不是一门演化(进化)科学？[J].贾根良，译.政治经济学评论，2004（2）：127-137.

[88] [美] 约瑟夫·熊彼特.经济发展理论 [M].何畏，易家详，张军扩，等，译.北京：商务印书馆，1990.

[89] [美] 理查德·R.纳尔逊，悉尼·G.温特.经济变迁的演化理论 [M].胡世凯，译.北京：商务印书馆，1997.

[90] [美] 道格拉斯·C.诺斯.制度、制度变迁与经济绩效 [M].杭行，译.上海：上海格致出版社，2008.

[91] Hayek F A.Studies in Philosophy, Politics and Economics[M].Chicago: The University of Chicago Press, 1967.

[92] [美] 安德鲁·肖特.社会制度的经济理论 [M].陆铭，陈钊，译.上海：上海财经大学出版社，2003.

[93] [日] 青木昌彦.比较制度分析 [M].周黎安，译.上海：上海远东出版社，2001.

[94] Witt U.Evolutionary Economics and the Extension of Evolution to the Economy [C].//The Evolving Economy: Essays on the Evolutionary Approach to Economics.Cheltenham: Edward Elgar, 2003.

[95] Dosi G, Winter S G.Interpreting Economics Change: Evolution, Structure and Games [R]. LEM Working Paper Series, 2000.

[96] Authur W B.Competing Technologies, Increasing Returns and Lockin by Historical Events[J].The Economic Journal, 1989, 99(394): 116-131.

[97] Pavitt K.Sectoral Patterns of Technical Change: towards a Taxonomy

and a Theory[J].Research Policy, 1984, 13(6): 343-373.

[98] Abernathy W J, Utterback J M.Patterns of Industrial Innovation[J].
Technology Review, 1978, 7(80): 40-47.

[99] 赵星，赵仁康，董帮应.基于 ArcGIS 的我国文化产业集聚的空间
分析 [J]. 江苏社会科学，2014（2）：52-58.

[100] 王海龙.美国文化创意产业发展动力学因素探析 [J]. 广西民族大
学学报（哲学社会科学版），2017，39（6）：28-35.

[101] 李浩然.美国文化产业的发展经验及其启示 [J]. 人民论坛，2020
（3）：140-141.

[102] 姜婧.浅析美国文化产业：论美国的电影与电视剧 [J]. 新闻研究
导刊，2016，7（7）：273.

[103] 王景云.战后美国文化产业政策维护国家安全的实践及启示 [J].
国外社会科学，2016（2）：93-99.

[104] 吴德金.美国文化产业发展动因分析 [J]. 经济纵横，2015（6）：
108-110.

[105] 马立婷.中美文化产业投融资比较研究 [D]. 海口：海南大学，
2018.

[106] 吴德金.美国文化产业发展研究 [D]. 长春：吉林大学，2015.

[107] 柳亚坪.中美文化产业贸易对比分析 [D]. 大连：东北财经大学，
2013.

[108] 杜晓燕.美国文化产业国际竞争力研究 [D]. 武汉：武汉大学，
2013.

[109] 黄祎婧.美国文化产业国际竞争力实证分析 [D]. 沈阳：辽宁大学，
2013.

[110] 张琳 . 美国文化产业发展分析 [D]. 长春：吉林大学，2013.

[111] 肖江文 . 美国文化产业的发展分析及对我国的启示 [D]. 北京：首都经济贸易大学，2013.

[112] 孙小婷 . 中国文化产业发展研究 [D]. 长春：吉林大学，2012.

[113] 张慧娟 . 美国文化产业政策及其对中国文化建设的启示 [D]. 北京：中共中央党校，2012.

[114] 周国梁 . 美国文化产业集群发展研究 [D]. 长春：吉林大学，2010.

[115] 赵星 . 我国文化产业集聚的动力机制研究 [D]. 南京：南京师范大学，2014.

[116] 郭新茹，顾江，陈天宇 . 文化产业集聚、空间溢出与区域创新能力 [J]. 江海学刊，2019（6）：77-83.

[117] 杨炼 . 文化产业立法的国际借鉴及启示 [J]. 重庆社会科学，2012（5）：55-59.

[118] 陆钢 . 美国文化软实力发展及其对中国的启示 [J]. 社会科学，2015（2）：3-11.

[119] 陈庚，傅才武 . 文化产业财政政策建构：国外经验与中国对策 [J]. 理论与改革，2016（1）：169-174.

[120] 余吉安，尤淼，曹静，张皓月 . 文化产业技术创新与文化创意双轮驱动发展研究 [J]. 中国科技论坛，2018（6）：83-90.

[121] 刘丽娟 . 文化资本运营与文化产业发展研究 [D]. 长春：吉林大学，2013.

[122] 潘陆益 . 美国高校培养文化创意人才的经验及启示 [J]. 高教学刊，2017（1）：7-8.

[123] 梁鑫，章素珍.外国文化产业资产管理模式的经验借鉴及改革启示 [J].经济体制改革，2019（4）：174-179.

[124] 罗青林.美国文化扶持政策分析及其对我国的启示 [J].学术论坛，2017（6）：120-126.

[125] 滕晓鹏，汝艳红.百老汇戏剧产业孵化体系对中国演艺产业发展的启示 [J].山东社会科学，2018（10）：122-126.

[126] 曹海峰.文化认同视域下文化产业进程中的问题 [J].河南大学学报（哲学社会科学版），2018（5）：126-131.

[127] 周刚志，姚锋.论中国文化产业的立法模式：以社会主义核心价值观为价值引导 [J].湖南大学学报（社会科学版），2019（2）：133-141.

[128] 周刚志，周应杰."文化产业促进法"基本问题探析 [J].江苏行政学院学报，2017（1）：130-136.

[129] 廖君，赵仁伟，杨一苗，等.文化产业园区"房地产化"趋势明显 [EB/OL].(2012-05-11)[2021-05-1].http://dz.jjckb.cn/www/pages/webpage2009/html/2012-05-11/content_44259.htm?div=-1.

[130] 陈实.文化产业的视野：媒介融合与积极的受众 [J].重庆师范大学学报（哲学社会科学版），2017（4）：108-112.

[131] 苏李.从受众角度看新传媒时代下的文化产业发展 [J].长春师范学院学报（人文社会科学版），2010（3）：35-37.

[132] 祁述裕，刘琳.文化与科技融合引领文化产业发展 [J].国家行政学院学报，2011（6）：64-67.

[133] 顾江，陈鑫，郭新茹，张苏缘."十四五"时期健全现代文化产业体系的逻辑框架与战略路径 [J].管理世界，2021，37（3）：9-18+2.

[134] 周锦，顾江.城市群文化产业一体化发展的机理、绩效与路径：

长三角、京津冀和珠三角的比较分析 [J]. 江海学刊，2021（3）：92-97.

[135] 赵星，郭宝，祁宇婷. 文化产业集聚对经济增长的效应研究：基于我国 139 个大城市的实证 [J]. 商业经济研究，2016（24）：190-192.

[136] 姜照君. 文化创意产业空间集聚与层级分工：基于江苏省 13 个地级市的数据 [J]. 福建论坛（人文社会科学版），2016（2）：69-77.

[137] 顾江，吴建军，胡慧源. 中国文化产业发展的区域特征与成因研究：基于第五次和第六次人口普查数据 [J]. 经济地理，2013，33（7）：89-95+114.

[138] 胡慧源. 相关多样性、行业异质性与文化产业集聚：基于江苏分行业数据的实证研究 [J]. 上海财经大学学报，2014，16（4）：36-43.

[139] 贺达，任文龙. 产业政策对中国文化产业高质量发展的影响研究 [J]. 江苏社会科学，2019（1）：19-27.

[140] 雷宏振，潘龙梅. 中国文化产业空间集聚特征研究 [J]. 东岳论丛，2011，32（8）：114-117.

[141] 刘志华，孙丽君. 中美文化产业行业分类标准及发展优势比较 [J]. 经济社会体制比较，2010（1）：191-194.

[142] 张祝平. 互联网时代下传统文化产业传承与创新发展问题研究：以汝瓷为例 [J]. 成都行政学院学报，2019（1）：81-85.

[143] 庄志杰. 浅议用信息化建设推动唐山市文化产业创新发展 [J]. 中国报业，2012（4）：49-50.

[144] 王兆萍，薛丽. 基于复合系统的信息化与文化产业互动关系的实证研究 [J]. 科技管理研究，2015（5）：164-169.

[145] 戴艳萍，胡冰. 基于协同创新理论的文化产业科技创新能力构建 [J]. 经济体制改革，2018（2）：194-199.

[146] 车茂丰.数字化印刷与印刷数字化[J].印刷工程，2005（2）：13-17.

[147] 罗小艺，王青.从文化科技融合到数字文化中国：路径和机理[J].出版广角，2018（10）：6-9.

[148] 马雪荣，刘建刚.文化产业科技创新能力亟待提升[J].人民论坛，2018（23）：130-131.

后　记

此书成稿之际，总感觉激动的泪水要忍不住流下来。回顾书稿的撰写过程，诸多感慨，很多感谢，特在此记录。

2017年3月，在南京师范大学蒋伏心教授和郭新茹教授的引荐下，我得到南京大学顾江教授的认可，得以进入南京大学博士后流动站，在顾江教授的指导下，对文化产业开展进一步的研究工作。虽然我在博士阶段对我国文化产业的空间集聚问题进行了一定的探索研究，但感觉文化产业领域包罗万象、博大精深，自己的文化产业相关知识还比较欠缺。顾江老师对文化产业理论和实践问题的研究都非常深入，有很多独到的、前瞻性的观点，他指导众多博士和硕士研究生们对文化产业发展问题进行了卓有成效的研究，对我国文化产业的发展做出了突出贡献。在他的指导和帮助下，我的博士后研究工作取得了较多进展：在文化产业价值网络研究、博物馆旅游的游客满意度研究、美国文化产业空间集聚问题研究、长三角文化产业高质量发展指数研究等方面，并取得了一定的研究成果。但是，仍感觉自己距离顾江老师的要求还有差距，我希望写出更好的文章和专著，为他带领的南京大学长三角文化产业发展研究院做出更大的贡献。

此书稿，我写了4年多。因为想写得更好，所以一直推进得很慢。想法很多，践行不易。无数次推倒重来、无数次失望焦虑，此中艰辛，唯有经历过的人才有体会。终于，现在完成了这部书稿，我也与自己和解了，虽然未解决的问题还有很多，但也先画上一个句号吧。以后，我可以再进一步研究，再写文章。

在书稿完成之际，首先感谢我的博士后导师顾江教授对我多方面的学术指导和给予的巨大帮助，也感谢郭新茹师姐、周锦师姐、姜照君师姐、秦宗财师兄、胡慧源师兄、胡勇师兄、周莉师姐、朱文静师姐、沈艳师姐、张苏秋师弟、车树林师弟、贺达师妹、任文龙师弟、王文姬师妹、张苏缘师妹、马卿师妹、解晶师妹等人，感谢他们给予的各方面帮助，也感谢跟着顾老师一起开展博士后研究工作的杨莉萍教授、侯林教授、张鹏教授、饶黎教授对我的鼓励和帮助。

从 2018 年 8 月到 2019 年 8 月，我有幸作为江苏省教育厅公派出国访学人员，到美国特拉华大学（University of Delaware）的商业经济学院（Alfred Lerner College of Business & Economics）与安德鲁斯教授（Dr. Rick L. Andrews）开展合作研究。特拉华大学是一所非常开放包容的大学，有来自世界各地的学者和学生到此交流和学习，学术氛围浓郁。我在特拉华大学访学期间，最喜欢去的地方以及待得最多的地方就是环境优美的 Morris 图书馆，勤奋努力的各国学生们也激励着我在科研路上不断前进。我在特拉华大学的 Morris 图书馆、美国文化基金会网站、美国经济分析局网站等收集了大量关于文化产业研究的文字和数据资料，最终确定了本书的研究主题：多角度清晰完整地展示美国各州文化产业空间集聚问题。

在此，特别感谢我的合作导师 Rick Andrews 教授，我与他建立了深厚的友谊，非常感谢他在我留美期间，给予的科研和生活等方面的支持和帮助。也感谢特拉华大学的 Kurt Norder 教授、Bruce Puckett 教授、王思湮教授、孙懿贤教授；感谢博士生生谷雨、李放、段怡然、杜媛希等同学，他们都对我的科研工作给予了很多帮助。还特别感谢同时在特拉华大学访学的优秀中国学者：李秋、于姗姗、杨冰、周红、陈鼎藩、李志刚、张冬辉、刘美、欧阳海波、李汶华、魏小平、朱晓星、张俞等老师，我们一起谈心、游玩、聚餐，度过了一年的美好时光。他们在我生活上给予的关心和帮助，不仅减轻了我在异国他乡的内心不安，而且也是他们的鼓励使我克服了科研的难题，继续向前。

特别重要的是，我要感谢我的工作单位南京晓庄学院，感谢学校给予我开展科研的平台，让我实现事业的理想；感谢学校支持教师做科研的各种好政策。此书的出版受到了南京晓庄学院"国际商务硕士学位培育点"和"新时代国际贸易与产业动态研究"项目经费的支持。特别感谢南京晓庄学院商学院的赵彤院长，他对商学院发展具有清晰而务实的规划，为我们商学院的教师提供了许多帮助，不仅解决了青年学者缺乏学术指导的问题，也解决了教师们学术成果转化难的问题。他对我的关心、鼓励和督促，使我的书稿得以早日完成。在此，也非常感谢学校的赵玉阁教授、朱英明教授、赵国乾教授、鲍森教授、李生峰教授、张相学教授、王宁教授、史兹国教授、魏玉梅教授、谢吉晨教授、吴勇教授、周海花教授、崔晓东教授等给予的关心和帮助。

我要感谢我的博士生导师赵仁康教授对我一直以来的关心和鼓励，感谢蒋伏心教授、安虎森教授、申俊喜教授、江北教授、高丽娜教授、何雄浪教授、汪丽萍教授、梅晓红教授、王卉教授、杨宇舟博士在我书稿撰写过程中，给予的宝贵意见和建议。

感谢武汉大学出版社对我这部书稿的认可和支持，特别感谢代君明老师对我一再拖稿的包容，也非常感谢对我的书稿进行细致认真又高效审稿的编辑们，为了让我的书稿可以早日出版，你们辛苦了！

最后，我要感谢最亲爱的家人们。感谢我的奶奶时振华，她是一名光荣的中国共产党党员，作为离休干部的她，一直鼓励我积极向上、不怕困难，她悉心教导我"多为国家做贡献""相信办法总比困难多"。这些信念深植我心，督促着我不断前进。感谢我的爸爸妈妈，他们对生活的热爱和乐观的心态，鼓舞着我积极进取。感谢我的爱人董帮应，他对本书的成稿给予了多方面的支持和帮助。感谢我的妹妹魏东娟，她睿智大气，在我生活遇到困难时，总能提出好的建议、给予关心和帮助。感谢我的女儿董宸希，从她3岁多时，我开始收集资料、确定题目；待到完成书稿时，她已经7岁多，我和她一起成长。每当我研究遇到困难、心情低落时，抱着女儿小小的身子，听她萌萌的声音喊"妈妈"，我就感到安心和温暖，重新积满了前进的力量。

还要感谢在这4年多的时光关心和帮助我的人们，谢谢你们，愿你们永远快乐、健康、幸福！

由于作者能力有限和一些客观原因，书中难免有疏漏之处，恳请各位专家、读者提出宝贵意见和建议。

赵　星

2021 年 10 月于南京华菁水苑